夢想、在路上

尤文瀚

邁開步伐，迎接美好未來的起點

NU SKIN臺灣總裁暨大中華區域副總裁　**張佩玲**

　　一輛摩托車，簡便的行囊，文瀚用一百天走過中國大陸三萬公里路程。二十七歲時被診斷出罹患家族遺傳性腎癌，但他沒有將自己封閉起來怨天尤人，反而決定邁開步伐，走出去體驗世界，實踐夢想的同時，也展現面對生活的勇氣。從冷冽的大興安嶺、奔放的蒙古高原、恢弘的敦煌石窟、壯闊的新疆戈壁、閒適的雲南風情到大雨傾盆的海南島，他用細緻、敏銳的筆觸及獨有的豐沛情感，將所看到的世界呈現在你我眼前。

　　文瀚記錄旅途中所遇見的每個人、踏上的每吋土地、體驗的每種文化、經歷的各種難堪與美好，也在他心裡碰撞出火花，讓他重新思索人與土地最原始的連結；透過最真實的體驗與自我對話，檢視生命意義的人生壯遊，為自己寫下最美的生命篇章，這樣逐夢踏實的行動力更是令人動容。

　　文中讓我印象最深刻的就是，文瀚提到他在穿越塔克拉瑪干沙漠時發生摩托車拋錨，在極度缺乏水分的情況下，推著車徒步二小時，其堅強的意志，就如同他引用尼采的話，「一個人知道為什麼而活，就可以忍受任何一種生活」，旅途雖然艱辛，甚至在生死交關危急之際，樂觀的文瀚堅信只要保持夢想，持續堅持下去，又是柳暗花明又一村。

　　《夢想，在路上》一書中，文瀚說：「展開新世界的捷徑，便是始於對自我內心執念的敲擊。」他不希望罕病把人生劇本都寫好，透過壯遊體驗顯示人生仍有值得期待的事。這句話讓長期在世界各國之間移動的我很有感觸；從二〇〇〇年開始，我背負著公司的期許及自我成長的渴望，展開NU SKIN海外市場拓展任務，從東南亞市場、大中華市場一路征戰到北美，一步一腳印繞過大半個地球，慶幸能夠站在國際的舞臺上看世界，

二〇一六年終於有機會重回台灣。這十六年的挑戰與歷練,都是燃自於心中那份征戰跨國職場的夢想。旅行的終點不僅是回憶,更多是認識自我及迎接美好未來的起點。相信這也是這本書帶給我們的啟發。

NU SKIN與罕見疾病基金會結緣超過十八年;最初,緣起於感佩創始人陳莉茵女士的精神與勇氣,在當時醫療體系與社會制度完全無法關照罕病病患的情況下,以一人之力在媒體上大力疾呼,尋求協助並成立罕見疾病基金會。如今,能成為罕病最早並且最久的合作夥伴,為社會有所貢獻,是我們莫大的光榮。

「善的力量」是NU SKIN的企業文化,我們期許在世界各地凝聚一股善的力量,並號召全球的事業經營夥伴及員工,一起投入公益活動,幫助更多需要幫助的人。多年來透過與罕病的合作,我們更了解病友及家人所承受的苦痛,也讓我們更堅定要持續推動、發揮善的力量,來幫助更多罕病家庭,讓大眾認識罕見疾病,創造更友善的社會氛圍。

NU SKIN在台灣深耕二十五年,始終以實際行動力行「善的力量」,我們期許NU SKIN的支持,能為罕見疾病帶來更多的社會關注,讓這些勇敢追夢的青年朋友及罕病家庭,為自己的理想邁開更堅定有力的步伐。

不一定要活得偉大，但可以不必微小

媒體工作者 **楊惠君**

文瀚是個難以歸類的人。

若以通俗的新聞分類，「罕病鬥士」是他最常被冠上的「標題」，但他完全不是那樣的調性，他的性格裡，有一種觀看生命的距離感，拉開了現實的空間，而能脫俗、而能鑽入生命的本質裡。

但他也不是憤世嫉俗的那款年輕人，不刻意強調自己的病史、也不避諱別人簡約的「定調」，他非常「珍惜」自己的生命，爭取每一次可能最好的治療機會、也配合每一項醫師叮囑的事項。

去北京求學兩年多，同學、老師無人知悉他有著異於常人的「身體」、左眼甚至已失明；出席罕見疾病基金會的相關活動，媒體記者問及，亦能敞開胸懷相談獨特的生命經歷。正如他愛蒐舊書，閱讀書單盡是尼采、朱熹、塞萬提斯完全老式口味；但耳朵上戴著閃亮的耳環、手臂上有個可愛的刺青，十足新生代符碼。不疾不徐、不亢不卑、又老成又青春。

這本書裡的許多文章，源起他在《民報》開設的「文瀚與小巴摩托車日記」專欄，我必須坦承，當初邀請他連載他與他的母雞夥伴「小巴」萬里長征的故事，更多是貪圖著照片、影像與故事的「動人」皮相。但第一次收到他的稿子，真的被狠狠敲中，反反覆覆、反反覆覆，一遍又一遍地「讀著」，他的文章，出乎意外的有「好聽的文字聲音」，用字文雅、不落形式，真正書寫者的手感及細緻，不只在形與義、還有音。於是一邊被他帶入那場生命的革命前夕摩托車之旅，一邊不自主就會發出了「啊！」的滿足聲。

文字，只是香氣。進入文章傳遞的信息，還有嚼勁。

隨著摩托車前進的每一站，不只進入了一個一個與我們身處的臺灣完全不同的民俗風情、社會文化、甚至政治氛圍：為什麼中國年輕人開始流行「找北」？在文字、語言、種族迥異漢族的新疆，被強制過著「北京時間」，下午三點吃午餐、晚上十一點看日落；在娘胎裡就開始「轉經」的藏族，轉的是敬天、敬自然的生活態度、卻不為己欲之求……但其實，隨著摩托車由他外公1949年離鄉之路馳騁駛去，每一站，都是他與自己生命更接近的旅程。

　　只因為一回夜裡夢中驚醒，摸黑在書桌前找水，無意間瞥見書架的《革命前夕的摩托車日記》，那或許只是一次無意義也無意識的偶然，但他卻回應了這個「訊息」，以3萬公里的長征、讓這個偶然成為自己生命裡的「意義」。

　　多少次，在異鄉陌路旳途中，他必須餐風露宿，沒入無垠、無光之中，但他卻說：「比起在市區裡搭營、我在野外搭營，睡起來反而更安心。」彷彿黑暗之於他，更能清楚看見自己存在的樣子、或是自己想存在的樣子。

　　比起切・格瓦拉後來掀起了驚天動地、影響全世界的社會革命，文瀚的摩托車之旅，也許真正被救贖的除了那隻半途出手相救的小雞，只有他自己，但正如他所言「我們從來無需抱怨任何事情，上帝永遠給了我們很多選擇，而我們總是沒有勇氣去取」。

　　人不一定要活得偉大，但可以不必那麼微小。這是文瀚摩托車萬里長征，真正激昂的意義。

探索生死距離與界限的生命日記

財團法人罕見疾病基金會創辦人　**陳莉茵**

　　參加基金會舉辦的第一期編採營開課，第一次見到文瀚，束著長髮的他遲到了些，一派淡定灑脫地默默進教室。名單上載明他的病類，逢希伯-林道症侯群（VHL），非常罕見，全臺僅六位。雖然他已經失去一眼視力，自我介紹時，卻毫無病容病態而表現著坦然接受疾病挑戰的豁達，年輕的他的確令人印象深刻。

　　編採營成果豐碩，他與其他八位病患學員共同出版《九個萬分之一的相聚》－遇見罕見，文瀚寫下獨特存在的純粹體驗，以及希望留下踩得更深刻的燦爛足跡那種期待及想望；如今透過這本《夢想，在路上》，他以經歷過的世界，為自己的存在勾勒出更真實的生命意義；在蒙古的呼倫湖畔悟出：「將當下視為目的地的人生，是最好的人生。」

　　文瀚在二〇一六年夏天的一百日之間，心懷豪情地出發壯遊，用兩個十七吋的摩托車輪丈量中國，馳騁鐵騎三萬公里造訪中國四極地。途中觀察各種民族文化在現代文明發展中的衝突及消長，而洞悉人類最原始自然的天性；親臨目睹地理及歷史課本裡記載的極光奇景、始終輝煌的千年敦煌、天堂般的蒙古草原，和從來不為人知曉的村落荒林；同時更經歷森林翻車、沙漠斷水、高原凍寒、禁摩區域的行不得、地痞驅趕等等生死一線的困頓險境。不同於他效法的切‧格瓦拉有位旅行夥伴阿爾貝托，與文瀚共赴孤獨苦難，分享幸福的夥伴是隻名喚小巴的雞。冒險中必須克服的恐懼，如南傳《怖駭經》告訴我們的方法，文瀚同小巴一起：面對它、讓它來、看清楚，用智慧冷靜幸運地一一化解。

　　歐文‧亞隆 （Irvin Yalon）在《存在心理治療》提出對四個生命底景的終極關懷：死亡、自由、孤獨、無意義。在這趟壯遊中，文瀚很明顯地

了解了生死懸崖間的距離及界限，靈魂如何充分地自由解放，快樂的分享釋放了孤獨的痛苦，生命意義如同真理，在選擇的當下自然展現。

　　憑藉著文瀚的勇氣與智慧分享，讀這本穿越死亡、孤獨，尋求自由及生命意義的獨特旅遊日記，想必為讀者啟發不同的生命省思，進而尋到自己的心理療癒。

Contents

環遊路線圖

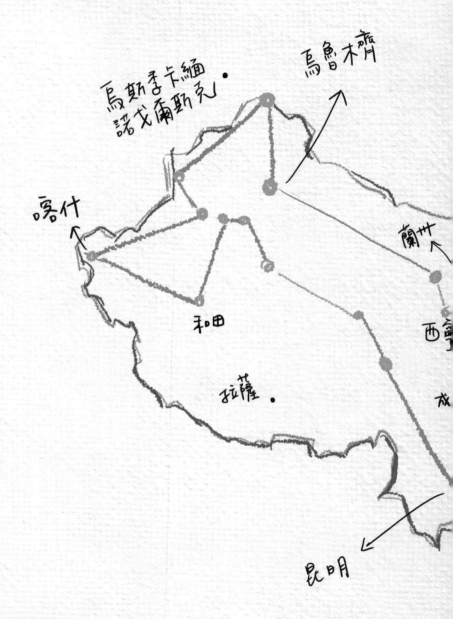

烏魯木齊

馬斯孝卡緬
諾戈廟甄克.

嗊什

蘭卅

西

和田

拉薩.

成

昆明

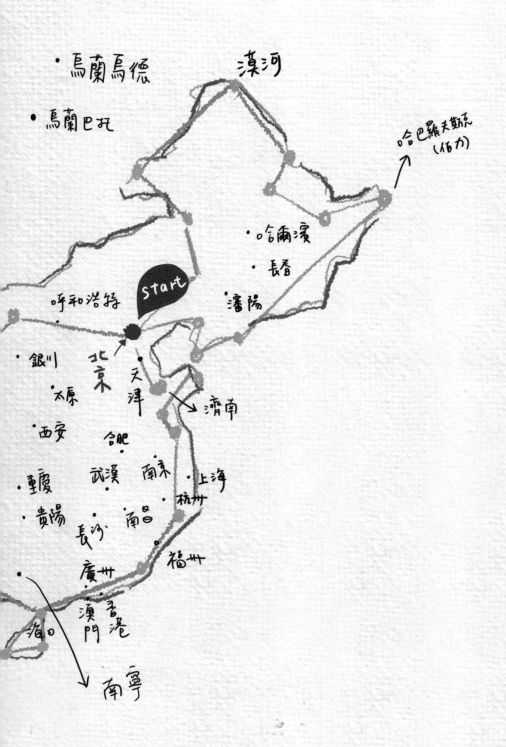

chapter. ①

出發

驕傲的使命

「唯有我經歷過的世界，它的存在才有意義。」

故事的源起，應當回到前年九月某個深沉的夜，由一段夢境帶來的虛寂說起。那是我在北京經歷的第二個金秋，漫天落葉紛飛，為北國捎來蒼黃的凋零。北京大學擁擠的四人間宿舍，是這二年來生活的地方，狹窄的空間裡，卻滿是對夢想憧憬的芬芳。而自己的夢，大概也是浸沐於如此滋潤下，直入沉沉的夜裡悄悄萌芽。

夢境，一堵灰黑色的水泥石牆聳立，牆面漆色斑剝透露出歲月的沉積，它的存在好似為了隔絕某種聯繫。而我，距離牆面五公尺，竭力奔向牆壁兩端無限伸延的盡頭，視野逐漸迷失在狂奔的速度當中。裡頭能稱得上色彩的，大概僅有黑白交染相錯時的幽灰，不比黑色純粹，也不似白色單一，幽灰的夢裡襯托出混沌的空靈。這場從頭到尾虛無的夢境，透露出內容空白的荒誕，似乎也凝結了目前的人生縮影。除了盲目地拔腿奔往未知的遠方，甚至對於牆後一無所知的世界，存在一種未曾經歷的恐懼。

醒於唇乾舌燥之後，我摸著幽暗的宿舍房沿，爬往床邊書桌找水。房門頂端，格網狀透氣孔間隙，廊燈疲乏微弱的光線依稀鑽了進來。它緩緩淌向書架二層，抹在那本包裹米黃色書皮，印著深紅色《革命前夕的摩托車之旅》的文字。書角寫著作者埃內斯托・格瓦拉（Ernesto Guevara），他是醫學系學生、共產主義者、政治領袖、革命家。但這些身分，遠遠不及時代所賦予的鮮明標幟「理想分子」，法國哲學家沙特（Paul Sartre）口中「我們時代的完人」。

關於「理想」的談論，大概是任何一位青年心底最有力的號召，而理想於他身上的展現，幾乎等同於個人行為與意志本身。面對反對者質疑，他曾這麼說道：「如果說我們是浪漫主義者，甚至是不可救藥的理想主義分子，我們想的都是不可能的事情。那麼，我們將回答一千零一遍。

是的，我們就是這樣的人。」世上真能有「完美的人」嗎？時代精神，真能僅憑個人意志引領嗎？這或許是過去十年裡，存於心底最深刻的疑問。

　　沉寂的四周，僅存室友偶爾發出的鼾聲。我用帶著睡意的指尖，熟稔地喚醒架上的「日記」。舉止盡可能小心翼翼，不僅擔心驚擾旁人好夢，更牽掛著書本裡，正在環遊拉丁美洲的主人翁。

　　他正著手計畫自己的環遊旅行嗎？正帶著濃厚綿密的憂傷，與家人們相互道別嗎？還是，與他的旅途夥伴阿爾貝托，在翻越山嶺的路途上經歷一場突如其來的暴雨？又或者，正在整趟旅行中給予最大衝擊的痲瘋病院裡，進行著醫學系學生行醫治病的本分。或許，我也同無數青年與格瓦拉一樣，始終對理想抱有堅持，也對夢想富含渴望；甚至，對未曾親身經歷的世界充滿好奇、探索與欲望。而夢想的豐滿與現實的骨感，總在此消

彼長、不斷撕扯中拉鋸。

　　當日後切‧格瓦拉完成革命理想，再度投身於那場令他喪命的玻利維亞民族解放運動時，所記錄下的一字一句，思想體現更加成熟、筆鋒力量更為流暢。但我仍舊鍾愛他在摩托車日記裡，記錄下僅屬於青年理想主義者的成長過程，一種參雜稚嫩陣痛與追根究柢的質疑；一種外在世界與內心世界首次最為純粹的交織、建構，再經歷一連串崩塌的過程。最終，遺留下幾道深深沉澱的疤痕以後，真正由男孩成為男人的蛻變痕跡。

　　我擰轉桌上的黑色檯燈，橙白色微弱光線在漆黑的房間裡渲染開來。幾秒間的光盲幻逝，我再度掀翻書本首章泛黃的紙頁。一段樸實無華，卻也深刻動人的文字敘述，映入眼底：「這不是一個英雄的傳奇故事，也不僅僅是一個憤世嫉俗者的敘述。這是兩個生命的短暫交會，是兩個懷著相似希望與夢想的生命的一段共同歷程。」對未來的美好憧憬，也曾令我幻想獨自一人跨上摩托車，走在一九五一年格瓦拉的環遊之路，馳

騁在拉丁美洲廣袤的土地上。一位摯友、一輛摩托車、一次漫長的旅行、一場充斥激情的革命，幾乎填滿所有二十歲青年心裡那份無處安放的熱情；在每個懷抱理想的青春歲月，關於世界的樣貌，應當盡滿所有美好期待。甚至，我們可以大膽假設，對抗現實任何不公義的鬥爭，為之奉獻一顆純潔而鮮紅的心臟，基於內心崇高理念作出的選擇，這是永存於崩壞世代裡，最值得驕傲的偏執。

　　凌晨時分，窗外微風徐徐，透過窗簾散漫進北京這座城市的獨有氣息。北方空氣不同於南方溫潤，乾燥凜冽的北風，夾雜著一股濃厚的煙硝味兒。當我望向桌上那只顏色略微淺褪的深褐色皮革腕錶，黑色消光的玻璃鏡面底下，長短指針已停留在清晨的五時一刻。

　　指針的實體，刻劃出時間的虛幻本質，而手裡捧著「日記」與甦醒後的唇乾舌燥，重新將我拉回當下的現實。翻開書頁下一行，寫道：「寫這些日記的人，再重新踏上阿根廷的土地時，就已經離我們而遠去。我，

重新整理和潤色這些日記的人，早已不再是當年的那個我。」一場自我放逐式的摩托車旅行，足以改變對一切事物的看法，重塑對世界的認識與內在價值。藉由實際走一遭這種直接而細膩的方式，在腳底下這片土地踏上深刻烙印，如果世上任何一種形式的存在，不曾與之產生牽絆與聯繫的共鳴，那它的存在便也毫無意義。

　　人的精神核心來自新的經驗與體驗，意義的賦予，最後則歸於內心渴望與源源不絕的好奇。一九五一年，當格瓦拉跨上那輛Norton 500摩托車，展開漫長的拉丁美洲穿越之旅。他目光所及盡是人們生活中的沉重與苦痛，感受的是財閥的壓迫與剝削，觸動心底的是人們渾然天成的樂觀及純樸，震撼的是古印加文明過去的輝煌與如今數不盡的滄桑。而經歷一甲子漫長的時間維度，橫跨太平洋來到世界的彼端，著眼於世界人口最多、

發展速度最快的國家「中國」，又將看見什麼樣的景色？五千年文化的歷史底蘊？紅色革命理想的實踐？或是，至今仍舊隨處彌漫充斥著，人性的墮落與貪婪？

在電影《阿拉斯加之死》（Into the Wild）裡，同樣年輕的理想主義者Christopher面對大海時這麼說道：「我知道在生活中並不一定要堅強，但重要的是能夠堅強並且能夠感到堅強。」大約半年多前，我因為家族遺傳性疾病被醫院診斷出腎臟患有惡性腫瘤，或許，十多年來漫長的準備與等待，早就足以應付醫師對於病情略顯刻意的輕鬆描述。步出診間之時，內心倒也因此感到舒坦寬適，彷彿從長久以來的盲目與未知中，獲得真正的自由解放。而命運的催促，似乎讓自己對生命產生一種更為迫切的把握，從而加速推動手中「摩托車環遊中國」的旅行計畫，而不是作為原先給自己碩士班畢業的獎勵。或許，如今回頭看待這趟旅行裡的冒險成分，從跨上摩托車踏出的第一步開始，就早已決定以這種方式展現面對生活的勇氣。

猶然記得出發的前一天夜裡，我在日記裡寫道：「雖然這是一個連自己都感到無比荒唐的想法，但任何意義及其延伸的可能，都始於一種看似不切實際的執著。面對即將展開的摩托車環中國之旅，能夠獲得怎樣的回報，只有當自己踏入終點的那一刻，才是具體真實的獲得、體會。而這個過程的失與得，在最終付諸實踐的當下，似乎也不再具有任何意義。我夢想在極其有限的生命裡，騎著摩托車遊覽世界各地，成為一個比任何人都認真生活的人，哪怕這個過程勢必將是如此短暫。然後，向這個世界宣示一條這樣的訊息：『我們都有權利選擇自己想要的生活，那是一種責任、也是一種義務，任何的原因與羈絆，都不足以成為逃避追求的理由，因為唯有經歷，才能真正確認關於它的真實存在』。」

一個人、一輛摩托車、整整一百天的時間與三萬公里的騎行，用兩顆十七吋輪框的軸距，丈量整片中國土地。我計畫走過中國、俄羅斯邊境最東端的城市——撫遠，與最北端的極光之地——漠河，一路向西前往最西端的中國、吉爾吉斯坦口岸——伊爾克什坦，再去往國境之南——三

亞。在這段為期三個多月的旅行計畫裡，穿越中國面積最大的塔克拉瑪干沙漠、翻越平均海拔四千米以上的青藏高原；體驗令人脫水的四十五度高溫、挺過零度以下的高原嚴寒；在內蒙古草原享受與牧民們共同奔馳的歡愉、在海南島感受原始海洋的自然衝擊、在沙漠中欣賞日出日落的軌跡，與戈壁灘上布滿頂空的遙遙星際。

　　輕輕闔上手中米黃色書頁的日記，遠眺清晨窗外的北京，在地平線遙遙彼端的盡頭裡，射出一道略帶漸層的金黃色曙光。晨曦的背後，如此柔和、緩慢，連結著令我嚮往的遠方。將摩托車日記重新塞回那狹小書架的細縫，我並不清楚究竟是哪一本書抑或哪一個人，曾經明確地指引著這位二十三歲青年內心的熱情，但所有事件背後絕對都隱藏著一條只屬於它的宿命。如今，執起那支靜靜躺臥在抽屜裡滿溢鮮紅色墨水的筆。起程，由我來寫下這段，屬於自己的摩托車日記。

chapter. ②

東北

一九四九，顛沛流離

五月十五日，旅行第一天。床頭左上方正紅色鬧鐘裡，時針用它緩慢的步伐，滑出一道四十五度角弧形。六點鐘的晨曦，加上沁涼心脾的冷水，卻消解不了前夜興奮所致的疲態與失眠。倉促嚥下幾塊乾癟的麵包後，隨意配上幾口白開水，那些散亂的物品，直至出發以前，我僅能拿條纖細的皮繩，勉強將其一一「掛」在車上。在一群好友的歡送下，離開熟悉的校園、道別熟悉的空氣。

我以北京大學西門為起點，想替旅行增添一點「儀式性」。這裡原

是清末民初設立的京師大學堂，中國第一所現代化大學，建校至今已有百年歷史。位在西側頤和園路古樸典雅的西大門，凝結濃郁的民族建築風格，除了是著名的觀光景點以外，其中更沉積著獨特的歷史底韻。校門底，抬頭可見一塊刻著「北京大學」四字的牌匾，字是上世紀五〇年代毛澤東所題，凝聚了厚重的民族期待與抱負。時間推前百年，於歷史動盪的積澱中，至今仍然可以嗅出，穿越上世紀清末民初，蔡元培先生親筆所題下的燕京大學願景。在長期積弱不振的中國，國家救亡圖存工作與知識分子間的聯繫，就好比密不可分的共生關係。理想，在一批批心繫國家與民族的知識分子心底，依舊是滋養他們內心的沃土。百年之後，這裡仍是一片思想自由、兼容並包的地方，一塊從不吝嗇於灌溉理想、追逐夢想的樂土。

旅行的啟程「儀式」，在初夏輕柔陽光夾雜羞澀的汗水中完成。光線透過蔥鬱的梧桐樹梢，與汗水一同灑落在厚積的柏油路面，微弱而零星的光點，凝結空氣裡匆匆的別離。隨著摩托車轉速表上逐漸提高的刻度，與金屬引擎共振頻率的來回敲擊，由速度引領著狂躁青春與不安於分的內心；如果曾有那麼一刻，是關於出發前的種種疑慮及惶恐，似乎在右手轉動著油門的剎那間，也隨之釋放殆盡。

　　這也許是時代潮流裡一個微不足道的個人表述，甚至記錄的都是一些微乎其微的事情，但一份出於執著的淬煉，或許可以勾勒出一個更加真實的自己。一個允許天馬行空、無邊無際，甚至是最後一場得以純粹的旅行。我的摩托車環遊中國路線，計畫沿著國境邊界逆時針環行。初始，從北京出發，一路向北環繞渤海灣，經過秦皇島、錦州、大連，接著抵達中

朝邊境的丹東停留。我刻意選擇以三天時間，重走這條獨具意義的路線，是兒時記憶中，外公筆下關於煙硝、戰火、生死存亡與千絲萬縷濃密鄉愁的逃難路徑。

我的外公，民國十九年生於遼寧省安東市鳳城縣（今丹東市），滿族人。一九四九年跟隨國民政府撤退臺灣，隨後服務於中華民國地面警備司令部，直至民國七十二年由中校退役，幾乎一輩子生活在臺灣。時間回到遙遠的一九四九年，國共內戰步入尾聲，國民黨已有隨時敗退臺灣的準備。前年初冬，在國共遼西會戰之際，由林彪指揮的共產黨東北野戰軍進戰遼寧。那年九月，東北適才入冬，校園剛剛開學，正值高中就學期間的他，甫一離開，家園便成了再也回不去的故土。

某日上學途中，紛飛戰火迅速在東北的土地上蔓延。在來不及與家

人道別的情況下，他獨自跟隨國民政府倉促的腳步，一路由學校撤退至瀋陽，當時的國民政府，集中安置撤退學生於學校的集體宿舍裡。冬季的東北，物資條件匱乏，一件勉強足以應付寒冬的棉襖，是每人所能領到的唯一配給。在瀋陽一躲，時間便也是半年，苟喘的日子裡，度過在家鄉的最後年華。

　　隨著共產黨的猛烈攻勢，逐漸進逼包圍瀋陽。最終在物資無法進入的情況下，大家開始各自奔走，有些人再度躲回老家，而他則繼續跟隨國民政府的腳步撤退，沿著錦州、秦皇島、青島最後抵達上海。一九四九年的上海，幾乎聚集著來自全國各地，準備退守臺灣的學生、軍人與家眷。然而，具備戰力的軍人才是優先撤退的群體，他在上海的日子裡，想方設法弄上一張去往臺灣的船票，然而卻總是四處碰壁。最後，幾經輾轉介

紹，透過警備司令部友人老鄉的關係，才得以搭上開往臺灣的船班。

這麼一走，離家就是七十年。當年稚嫩青澀的芋頭，如今早已落地生根熬成一顆老番薯。我曾經問過外婆，在她們的年代裡，身為「本省人」的她，眼中的「外省人」究竟是什麼樣子？她想了想，瞧一眼身旁的外公，平淡地說道：「當時我們心底都很期待，究竟怎樣厲害的軍隊，才能打敗設備精銳的日本人。然而，短暫迎來所謂的『光復』以後，才知道眼前所見，不過是一群腳踏破爛草鞋，毫無紀律章法的『阿三』。」語言的障礙，是我們彼此最大的誤解。

「但是，他們經歷了各種生死別離，與八年戰火無情的摧殘才來到臺灣。並且，那並沒阻止你們最後的相遇！」我心底帶著一點不平，想替失智的外公做出一些反駁。過去的動盪讓他們成為沒有選擇的異鄉人，

而彼此相互的不諒解，化為近年一股對異域的仇恨。或許，過去爆發的衝突，於臺灣是種隱恨的撕裂，而政治的傷口，卻始終無法於公正的陽光下攤開。但經歷一代、二代、三代人，我們是否還需以散播仇恨的方式，去記憶、劃分、割裂早已融入臺灣的一家人？

即便臥病在床，外公早已記不起身邊的任何親人，但他的嘴裡，依舊熟悉地呢喃著：「某某人生活不容易，我們有點錢就幫幫他。大家剛來，彼此都不容易啊……」或者，至今他的心底仍然同時惦記著，六十年前參與八七水災救援時，眼前生活在同塊土地上「同胞」的苦難，與遠在「異鄉」，對至親的思念與不告而別的悔疚。

外婆並沒有回應，嘴角微揚含著一抹淺淺的笑容。她用沉默與行動，似乎向世人訴說，臉龐上的皺紋有多滄桑，我們共同走過的歲月便有多跌宕；

臉龐上的皺紋有多深沉，我們共同攜手的經歷便有多深刻。她不在乎是誰的大江與大海，也不在乎是你的中國或者我的臺灣。她只在乎，於歷史的潮流與國家的動盪裡，是否有一雙溫暖的手，值得牽起一種永恆的聯繫。

我來到丹東，市區東側一江之隔的對岸，便是被譽為世界最神秘的國度「北韓」。作為中國距離北韓最近的邊境城市，地緣因素使得彼此維持密集的商貿關係，整座城市也因此沾染濃厚的異國風情。在丹東市區，目光所及皆是販售朝鮮商品的店舖，街道上，各式橫豎並列的中、朝文字招牌，令人恍若置身異域。

鴨綠江畔，橫跨著兩座圓拱式鐵橋，其中一座，是五○年代支撐起抗美援朝戰爭著名的「鴨綠江大橋」；另外一座，則是它的姊妹橋「中朝友誼大橋」。鴨綠江大橋在過去韓戰期間美軍的轟炸下，彼端的橋梁結構已不復見，如今僅存一小段鄰近中國橋身的斷垣殘壁。而相距不足百米的上游，躲過戰火波及的中朝友誼大橋，至今仍然肩負起兩國最直接的經貿往來與聯繫。

我順著江邊公路北行，沿途是大約八百公里的中、朝邊境。兩國國境以鴨綠江為界，越往上游，江面越發狹窄。距離丹東以北十多公里的虎山東側，是中朝兩國國界最接近的地方，在僅有幾公尺寬的河面上，一到冬天河水結冰之時，兩國國界也隨之消失；即便在夏季，踩著石頭也能走到北韓赤島的領地上。站在河岸旁，便可望見彼岸農作中的北韓人民，他們似乎對「外國」遊客經常投送的好奇目光早就習以為常，但這裡永遠不乏想揭開共產國家神秘面紗的人群。

據當地從事邊境旅遊的導遊說，這裡除了兩國正常的貿易交流以外，平靜的江面，其實隱藏著許多的隱性經濟。例如恪守邊境安全的北韓軍人，偶爾私下也進行一點非法走私，從生活用品到電子產品，從國產香菸到高端的智慧型手機。只要打點好關係，兩國人民依然延續著六十多年熱忱的「革命友誼」。

在邊境公路的路途上，會經過數個滿族與朝鮮族地區。中國邊境的朝鮮族自治區，無論是在農村建築與生活層面，都維持著鮮明的文化特點。飲食上，從紫菜包飯、蔘雞湯、冷麵到狗肉火鍋，是完全與中華文化截然不同的朝鮮半島美食；而農村建築，傳統單層斜立式紅瓦平房，配備一座碩大的黑色木欄糧倉，反倒與對岸的北韓農村更為相似。在當地，除了傳統農業與漁撈兩種生產方式以外，某些具備文化資源的城市，更增添一項觀光旅遊產業。

離開遼寧省進入吉林，首先抵達的城市便是「集安」。集安是中國對北韓的三大口岸城市之一，也是一座歷史古都。境內以高句麗王城、王陵及禹山貴族墓葬群聞名，在二○○四年，正式被列入世界文化遺產名錄之中。始於公元前至五世紀的高句麗遺跡，不僅曾是東北亞影響最甚的民族政權，也幾乎代表著歷史上東北亞地區最為重要的文明核心。如今的集安市，面積雖然不大，但遺跡散落於城市的各個角落，置身其中彷彿穿梭千年，環繞於歷史古文明的懷抱裡。

輝煌的高句麗文明遺跡，又以王陵古墓群裡的牆面壁畫，表現出一絕的原始繪畫工藝。大約繪製於六世紀初的高句麗王朝晚期壁

畫，內容涵括許多與中國神話人物密切相關的主題，例如：伏羲氏、神農氏、漢裝人物……等等。而四方之朱雀、玄武、青龍、白虎，亦能充分體現出高句麗王朝，過去深受中國傳統文化影響的身影。坐落於城市東北角一端的巨型三角式建築，是享有東方金字塔之稱的「高句麗王陵」，為高句麗王朝第十九代永樂太王的陵寢。陵墓藉由數以百計二、三公尺長的花崗岩石堆砌而成，堪稱所有建築遺跡中最具代表性的遺址，充分體現出千年以前精湛的建築技藝。

邊境探奇

　　告別高句麗古文明，我順著G201國道離開吉林省去往黑龍江，前方迎來是俄羅斯邊界廣袤的遠東領地。甫過牡丹江，按捺不住心底對於中俄邊境的探奇，遂於G201國道去往雞西的岔路口，往東奔向G301國道盡頭，素有中俄友誼城之稱的「綏芬河」。路途上，左右兩旁成片鬱綠的林被，覆蓋著蒼茫漫天的黃土，造作於黃土上端蜿蜒無際的公路，闢出一條通往視野極限的遠方。在北方，越是往北人煙越發稀少罕見；而越是去往邊境的路，往往僅剩國際貿易貨車擦身並行。除了偶爾奔於林間的野兔及

黃鼬，將周遭靜謐的沉寂偶染一絲生機，純然的平靜祥和，彷彿凝結了空間裡的所有生息。

　　綏芬河，是一座邊境移民城市，也是連結俄羅斯遠東地區重要的窗口橋梁。市區裡，每天兩班發往遠東第一大城海參崴的國際列車，與去往各地跨國專線的國際巴士，兩國人民密集交流就從一班班專車的輸送下延展開來。由此地出發，距離最近的俄羅斯濱海邊疆口岸「波格拉尼奇內」，也僅有短短的十六公里。在這座沾染濃厚商貿氣息的城市，販售俄羅斯貨品的商舖似乎更多於中國店舖。據地方政府公示，公共場所百分之百的俄語普及率，即便是在小的商場也能說上一兩句俄語。過去，施行貨幣管制政策的中國，嚴格禁止外幣於境內使用，而前幾年的綏芬河，不但成為中國首個俄羅斯盧布試用點，更是國內首次允許外幣自由流通的城

市，其經貿重要性與國際戰略地位可見一斑。

　　然而，在綏芬河的兩天時間，穿梭於市內街道卻湧現一股莫名的蕭條。白天商場裡三兩結群的俄羅斯商人晃蕩，夜晚門庭冷落的酒吧與餐館，絲毫感受不出熱絡的商業氛圍。當地商人如此說道：「近幾年綏芬河已不復往日榮景，在俄羅斯的保護主義底下，使得對外貿易條件每下愈況。人民生活好不好，商人們最先嗅到；經濟形勢繁不繁榮，邊境城市最先知道。」綏芬河，過去的忙碌與繁華猶可追憶，如今城市風貌卻已略顯蕭瑟蒼涼。雖然經濟情況大不如前，但實際走上一遭市區裡的大白樓、東正教堂舊址、俄羅斯駐綏領事館舊址，仍舊難以掩蓋在這座貿易城市底下，多元豐富的文化融合美景。

　　我在綏芬河的停留，不單迷戀於濃郁的異國風情，更是想治療來時

路上被蜂螫的傷口。抵達綏芬河傍晚，行經一處森林滿密的林場時，一股深切疲乏的倦意湧現。我隨手拉開包裹緊實的布織防風面罩，想透過冷冽寒風吹散濃濃睡意。忽然間，一陣突如其來的灼熱刺痛，猛然撕裂著我的上唇，彷彿被某種利刃劃下一道見骨傷口。我強忍劇痛，將車緩緩停向路旁雜道小徑，在模糊的後視鏡中，一根細長的黑針牢牢扎在唇裡。此時，我已顧及不了是為何物，內心只想趕緊將口中燃燒的黑針取出。那黑針牢牢地扎著，深深實實種在嫩白的唇裡，妄動挑取反倒是讓針的尾鉤越刺越扎實。幾次嘗試以後，除了兩行不爭氣的淚水滑落，似乎再也束手無策。在一片荒涼的曠野上，遑論想找間診所，一下午連人也沒見著幾個。我心想，距離百多公里的綏芬河，咬著牙也得挺過去，除此之外，更沒有其他辦法。

　　抵達綏芬河已是晚間九點，整日未進食的飢餓加上積累的疲態，早已掩蓋、或許麻痺嘴裡的痛楚。接近凌晨時分，我將帳篷紮在市區通天路的圓環裡，是一塊能夠俯視北海公園與成片綠野的高地，但似乎沒有出發時的雅興。我孱弱無力地躺在地面仰望星空，伴隨嘴裡喃喃的疑問：「為何要這樣折磨自己……」沉睡在高地圓環街燈圍繞的微弱光線裡。

　　翌日清晨，初夏的豔陽透過樹梢打在淡綠色帳篷頂，篷內悶熱的水氣附著於內帳與外帳間隙，飽滿結實的水珠順斜而下，落在黏膩的髮絲與臉龐。雖然不過七點，但陽光探頭以後，帳篷裡溫度攀升宛若一頂小型煉獄。恍惚之間，昨日針螫的傷口奇癢難耐，我搔撓著面部企圖止癢，癢處卻越是擴散。幾小時後，帶著腫脹的側臉與上唇，焦急地在大街上打探附近的診所消息。在一處綠色招牌，上頭寫著「北海社區衛生服務站」裡，

衛生室護理師朝我投來訝異的目光,她打量眼前這位染上怪病的患者,淡淡說了一句:「我們這裡沒有藥。」爾後,彷彿驅趕著瘟疫般讓我離開,即便,我需要的也許僅是一罐可以簡單消毒的優碘。

逐漸腫脹變形的左臉,除了荒謬可笑以外,也許還帶點令人恐懼的詭譎。來到第二間診所,護理師在我苦苦央求下,勉為其難地替腫脹的傷口做清潔消毒,針扎部分相比昨日已未感疼痛,但裡頭彷彿仍有毒液在蔓延。往後的四、五天裡,搔癢與腫脹不僅打消了遊覽心情,甚至連進食咀嚼都成為奢侈,我幾乎依靠著流質食物與飲料繼續旅行,前往中國四極的第一站——撫遠。

進入中國最北邊的省分「黑龍江」,偏遠山區、貧瘠土地、人煙荒蕪,是來此之前對於這片遙遠北國土地的印象。然而,實際來到這裡才驚覺,腳下竟是一塊「捏把黑土冒油花,插雙筷子也發芽」的沃土。上世紀五〇年代以前,東北以北是從未被現代化開發的原始大地,人們將它的蒼涼稱之為「北大荒」。在嫩江流域、黑龍江平原、三江平原周邊約五萬多公里的面積土地,不僅有豐沛的水利資源,土壤肥沃程度甚至與烏克蘭大平原、北美密西西比河流域、東北松遼流域齊名為世界三大黑土區。東北平原高含量有機質土壤,隨著五〇年代以後中國農業現代化發展,在政府號召知識青年上山下鄉、退伍幹部響應國家政策前往北方拓墾底下,當年的北大荒形象徹底搖身一變,如今儼然成為中國產量最高的農糧之都「北大倉」。

在往撫遠的路上,每天所行駛的三、四百公里距離,往往一天時間也走不出一塊農業屯墾區,公路沿途兩側光景,放眼所及皆是一面相同的水稻田景色。幾萬畝田間布下的初秧,隨著田水映出湛藍天色蕩漾,在曙光農場、前進農場、創業農場、勝利農場這些簡單卻充滿朝氣的農墾區裡,是一幅幅渾然天成的農事畫面。當地農場裡純樸的務農人,手指水田驕傲地說道:「你來的時間太早,田裡的秧苗不過剛剛播下,若再遲上幾個月,等到秋收那才是真正的遍地金黃哪。」我無緣見證豐收時的飽滿,但僅憑眼前一株株密麻的嫩苗,也能想像出秋收拾穗的豐碩場景。

離開北京的第十一天,我抵達中國四極第一站「撫遠」。素有「華

夏東極」、「東方第一縣」之稱的撫遠縣，位於黑龍江與烏蘇里江交匯處，與俄羅斯隔江相望，是中國領土最東端的城市。而撫遠縣境內的黑瞎子島，長遠以來更以遺世獨立的神秘性引人矚目。黑瞎子，東北方言裡的「黑熊」之意，在這座一分為二的溼地島嶼上，東側為俄羅斯領地、西側為中國領地。民國初期爆發的中蘇軍事衝突「中東鐵路事件」，戰敗方中國最終簽下《伯力協定》，導致黑瞎子島就此被蘇聯占領。而兩國始終存在有關黑瞎子島的邊界問題，直至二〇〇四年雙方才達成協議，以十一塊界碑劃分中俄疆土，黑瞎子島的爭議就此落幕。時至今日，黑瞎子島的開發已趨於成熟，遊客登島已是熱門的旅遊觀光項目，兩國國界則以簡單的柵欄與鐵絲隔絕，沒有過去的戰火煙硝，反倒成為雙方最接近彼此的距離。

在東方第一縣「撫遠」，由於地理位置因素，是中國最早迎接日出的地方。猶然記得初入此地，尚未意識自己早已身處地理東極，在凌晨三點鐘的帳篷裡睡眼朦朧，被外頭一陣強光的照射下驟然驚醒，日出時空的跨越恍若置身一場魔幻夢境。撫遠本地人們的時間，總要比「內地」早上幾個鐘頭，夏至之時，凌晨二點鐘便日光乍現，宣告一種獨特生活作息的開始。這座城市的特殊，除了經驗以外日常生活的萬物運行驚喜，還隱藏著不期而遇的人為驚奇。

在三個多月的旅行計畫，事前準備資金不足以應付每日的住宿開銷，即便百元人民幣左右的廉價旅館，也僅能作為旅途中偶爾奢侈的享受。「一路向東」，是撫遠鎮上唯一的青年旅社，一張三十五塊錢的床位包含熱水澡與被褥，已是旅途中最確切的幸福。在我抵達撫遠前，從未預期如此偏遠小鎮能有廉價住宿，北國一年二季的氣候結構，與冬天零下二十度左右的低溫，實在難以想像有人願意來此經營青年旅社。「一路向東」的店主老王，前年旅行時來到撫遠，停留在這家青旅打工換宿，因緣際會下持著一股衝勁離開家鄉山東，跑到千里之外的撫遠成為「一路向東」的新主人。從他靦腆的笑容中絲毫感受不出身為老闆的成熟穩練，而是對前來投宿的旅人，充滿無微不至的暖心照應。他的前老闆，也就是

「一路向東」的催生者，在親手打造完這間內心的夢想青旅以後，短暫經營便辭去漂泊。而年輕的老王，作為當時店裡的一位換宿者，象徵性地以一塊錢從他手中接下「一路向東」。

　　我訝異著他口中那位實踐夢想爾後歸去的浪子，也感嘆著大老遠跑來極地接手青旅的老王，對於一個旅遊資源並不豐富、遊客人潮也並不多見的地方，他們的存在純粹出於緣分，或者帶著某種使命意義？是一種無價的回饋服務？還是一種關於夢想的執著？或許，給予往來旅人們的感受，更多是一種對「在路上」精神的堅持。

迷失北極

　　五月，南方正進入初夏溫潤的悶熱，而黑龍江以北的大興安嶺森林，仍舊停留在冷冽的寒冬。興安嶺，通古斯語系裡「白色的山」之意，在冬季鋪天覆蓋的皚皚白雪下，最低氣溫甚至達到零下四十度。而五月份入夏的興安嶺區，即便在白天陽光的照射下，也幾乎僅有十度左右低溫，這對騎行來說無疑是巨大的痛苦煎熬。在橫越大、小興安嶺的一千多公里四天路程，數不清多少次，發抖顫慄於冷澀的寒風；也記不清如何在精神恍惚的狀態下，通過杳無人煙的山林。我由北安出發，過了黑河以後，沿

途除了兩、三座由幾戶人家構成的小村落，與散落林區外緣道路上的採林場閘口，再也沒有更多的人類足跡。

　　我沿著江岸邊防公路北行，手機螢幕上端顯示的中國聯通電信訊號，隨著與城市的距離遞減，路過最後一座縣城呼瑪縣以後，取而代之是一江之隔來自對岸的俄羅斯電信。「尊敬的客戶，您已登錄俄羅斯運營商網絡……」「外交部領保中心祝您平安：請遵守俄法律，報警電話一〇二。駐俄使館電話〇〇七……」最後兩則簡訊發出的騷動，似乎宣示著前方將迎來某種未知冒險，彷彿一路走來內心迫尋的渴望，便是那失控與脫序引發的特殊經歷。三個小時後，進入十八站鄂倫春族鄉，屬於少數民族中的少數民族「鄂倫春族」人數較多的聚居地，自一九五三年政府撥款就地建村設立定居房起，才逐漸改變鄂倫春族長遠以來維繫的「一桿槍、一匹馬、一隻獵犬，一年四季追逐獐麅野鹿，遊獵於茫茫林海」的山林生活。網路上對這條去往漠河的邊防公路描述甚少，僅有那麼偶然一則介紹說道：「必定要在十八站鄉裡將油桶加滿，並且最好帶上充足的乾糧與飲水，這是最後能夠見到人煙的鄉鎮。」我盡可能在村裡做好一切補給，在接近下午四點鐘，才踏進三百多公里的無人區。

　　S209邊防公路過分寧靜，連引擎的喧囂與體內心跳都伴隨著孤獨。沿途林區岔路錯縱，簡單的交通標誌又顯得多餘，幾次迷失方向不知身在何處，險些被迫露宿山林。向晚，落日的餘暉抹向遠方木質斜式的斑駁房頂，幾座古舊細長的紅磚煙囪，吐出絕白的裊裊炊煙，祥和的原始秘境這才感受出一絲人類生息。成排老舊的圍籬邊上，一塊刻著「北紅」的大石背後，是近年才全天供電的原始村落「北紅村」。村裡人口不多，僅有零星的老者漫步村道，連旅遊書上所寫的遊客都未曾見到。據說，這裡很大程度仍舊維持著原生態生活，是比漠河北極村更北的村落，真正名副其實的最北鄉村。早先幾年，全村裝設完畢卻始終未通的自來水線，或許隨著未來旅遊市場逐年流行的「北極」熱，也將迎來現代化的文明便利。

　　在這趟環華旅行追尋的四極之地裡，極北「漠河」具有很獨特的地

理價值與核心意義。「找北」，是當今中國旅遊很流行的一條路線，除了冬季來體驗厚達四、五十公分的積雪以外，找的不僅是作為中國地理概念上，黑龍江省漠河縣北極村裡的極北點，同時找的也是現代人們逐漸迷失在生活裡的價值與方向。找北，之所以獨樹於找東、找西與找南之外，有如此重要的意涵，不純是因為每年冬至之際，在漠河所出現晝短夜長的極夜現象；也並非每年夏至之時，作為全國唯一能夠觀賞北極光的極北之境。找北的意義在於，現代都市生活的繁忙節奏與倉促步調，早已使得人們全然忘卻如何放緩腳步，去咀嚼生活裡的閒適恬靜。找不著北，似乎是當代人們最為普遍深刻的問題。無論是踏著自行車不遠千里的苦行僧，或是抱持著浪漫想法，來場說走就走旅行的都市人，都希望藉由這個地理極境，重新喚起隱藏心底失落已久的熱情。

隨著夏季腳步逼近，漠河地區白晝時間也逐漸拉長，在接近夏至的前後幾日，將近二十小時的永晝成為當地的獨特奇景。大約晚間九點，我騎出無人區抵達漠河，天空殘存一點餘光，迅速趕往縣城以北七十公里的北極村朝聖。北極村，四極旅程的一方之約，以村裡一塊刻著「神州北極」的巨石作為全國著名的找北標地。在接近村口的五公里外，道路中央隱約若現一具黑壓壓的人影，天色昏暗以至認不清那人樣貌，他卻揮著手將我攔阻下來。

「進入景區，先到旁邊購票！」他低沉嘶啞的嗓音說道。此前，我並不知道北極村是個景區，頓時顯得有些手足無措。待回過神後，腦海馬上反應「又是中國這種圈地為界的行為」，一股憤怒的情緒油然而生。心想，難道腳下公路，不應當是任何人可以自由進出通往盡頭的江岸嗎？何以路口擺個售票處，就對過路人開始強制售票？

我任憑一股倔氣不願掏錢購票，心底卻又焦急景區裡的神州北極。六十塊錢人民幣，相比其他地方動輒數百的門票費用不算太貴，卻不甘屈就於如此的卑劣行徑。我放緩口氣平和地說：「大叔，天色都暗了，我不是來旅遊的，進去與北極點合影後馬上出來。」

「不行！」他態度堅定，非得認了門票才放行。我心底有些憤恨不

흑룡강성계
黑龙江省界

国道G201鹤大公路
K528+319-K650+392
宁安市管养路段
公路站长　郭荣彦
联系电话 0453-8853863

京B
B 601

平，卻盡量表現得和顏悅色，期待此人即便不能達理也能通情。我再次對他說：「您們把大家的公路圍起來賣票，這太不合理。我就進去五分鐘，絕不多做停留。」此話一出，他仍舊像極一顆亙古神木佇在門前，只是守護對象絕非成片的興安嶺森林，而是景區門後人類貪婪的野心。

　　大興安嶺月色，在真切純樸的自然環繞中，顯得典雅而高貴。星空下兩顆複雜的人心，彼此猜忌、懷疑，相同的物種，卻是遙遠的距離。我徘徊於景區門前，心底糾結該不該做出退讓，讓自己的固執選擇一次妥協。短暫沉默的較量以後，僵持中腦海猛然閃過一個念頭：「無論裡頭這塊刻著『北極』的大石是否重要，但此行找北的意義，或許就在某些時刻，自己能否真正堅持心裡的原則吧。」一股悶氣找到宣洩的出口，我再次望向那人身後漆黑的輪廓。下一秒鐘，重新跨上摩托車準備揚長而去，好似心底多了一份踏實，原先來時的路，也因此而明朗開來。

　　遠方身後，隱約傳來那麼一句「傻子！到了這裡卻不進去，管你終身遺憾哩！」

　　遺憾嗎？如果妥協了，應當是會遺憾吧。

　　我沿著幽暗的漠北公路返程，腳下筆直的道路彷彿直直通往遠方天際，轟隆的引擎聲，似乎還透露出一點恐懼。在抵達縣城的兩公里外，寬敞的公路一分為二，一邊是去往正南方向的柏油公路；一邊是可以遠眺城裡零星燈火的土泥。在路口分岔處，憑著直覺下意識左轉彎進看似捷徑的土道，在這條崎嶇的山林老路上，遇雨泥濘加上路面落滿坑洞，最終導致第一次的摔車事故。原本寧靜祥和

的氣氛，因為目的地近在咫尺而點燃澎湃情緒，順利抵達漠河，東北之行也算完成一半。然而，正當內心竊喜之餘，稍不留神前輪忽然輾壓進一灘爛泥，我放大神經試著做出反應，但「哐噹」一聲，連人帶車一頭栽進泥裡。

　　我側身摔向泥地，左腿壓在約莫兩百公斤的車底，相形之下，此時似乎更害怕眼前摩托車燈熄滅，那是幽暗山溝裡的唯一光明。我嘗試先將小腿從車底抽出，感覺周遭死亡的氛圍正在緩緩逼近，即便心底知道，意外與死亡仍有千差萬別的距離，但內心深處絕望不斷湧現，仍舊無情地將自己逐步推向黑夜的死寂。空氣裡，深切的恐懼蔓延，我緊張不再有人會路過此地，也知道自己可能陷入絕境。如果真有那麼一刻，曾因為害怕而不自主地發出顫抖，那無疑是身處陌生環境下的窘境。

　　我想起一年前，趁著學校放「五一長假」的機會，獨自前往內蒙古庫布其沙漠徒步健行。那時，肩上背負四十公斤重的登山包，裡頭裝載三天份乾糧與十五公升飲水，靠著一只指南針與一頂帳篷，經歷一場沙漠暴雨與兩次沙塵暴。不懂當時為何對沙漠如此著迷，也許是迷戀三毛筆下的撒哈拉，也許是嚮往沙漠裡的虛無。最後，在糧食斷炊以前，硬是以五天時間走完一百公里的沙漠穿越之旅。那時的情懷是出於浪漫的幻想，而對恐懼的認識則是思慮後的啟發，或許我並不擔心殘破的肉身就此葬送在大漠裡，卻牽掛生命的經歷未能帶來更加深刻的體悟。最後，以「所有恐懼都是源自內心對陌生事物的不熟悉」，作為整趟沙漠之旅的總結。追根究柢，這樣的冒險到底有無意義？是浪費生命？還是值得的體驗？至少我必須承認，在大興安嶺深夜發生的意外，最後重新屹立的勇氣，便是由自己

過去的經歷所給予。

　　凌晨時分，順利入住漠河縣裡的賓館以後，失控的意外才算重新回歸掌握。賓館的櫃檯大媽帶著驚訝好奇的口吻問我：「小夥兒！你怎咋（東北話口語）回事搞成這樣，找北去啦？」

　　「是吧，找北去了，到了北極村口沒進去。在回來的老路上摔了一跤，扶老半天才把摩托車給撐起，也就成這樣了。」我因渾身泥濘而感到有些害臊。

　　「那條老路早就沒人走啦！現在都走旁邊的那條新路。沒事兒，年輕人隨便跌幾個跤也不要緊，趕快去洗個澡好好休息吧。」她一手從櫃檯抽屜掏出鑰匙，一面親切地奉上熱騰的茶水。我心裡想著，東北人性格真如傳聞中爽朗，摔成這樣還說沒事。不過，因此給了自己奢侈住上一晚賓館的理由，也算是真正的滿足享受。

chapter. ③

內蒙古・西北

額爾古納的眼淚

　　離開漠河，南行一百多公里後，便是內蒙古自治區。以漠河為起點，我沿著西線南下，經過滿歸、根河一路往額爾古納河右岸而去。大興安嶺森林的南北兩端，跨越黑龍江與內蒙古省界以後，便能明顯感受兩地截然不同的森林植被風貌。如果黑龍江是粗獷而富滿生機的原始秘林，那麼內蒙古則是呈現一派祥和的靜謐與田園清新。途經的滿根公路人煙荒蕪，甚至連地圖上也未有標註，作為唯一的聯外省級道路，前方通往的是中國極寒之境「根河」。

　　根河，取自蒙古語裡的「葛根高勒」，意為「清澈透明的河」，是額爾古納河最大的支流之一，也堪稱中國最酷寒的極地。寒溫帶溫潤型森林氣候，森林覆蓋率高達百分之九十，大興安嶺深處高富氧量的純天然氧吧，年平均溫度僅約零下五度；在二〇〇九年，更測出歷史低值的零下五十八度極端氣溫，因此被譽為中國的冷極。

　　在根河，落日餘溫令人不由得直打寒顫，即便正值炎夏的傍晚，僅僅五、六度低溫更勝島國冷冬的寒潮。而生活在根河的蒙古人，卻以他們滿懷的熱情，溫暖著這片靜嶺以南的凍土，日後回想起一路與蒙古人產生的緊密牽絆，似乎早於此刻便悄悄深植心底。

　　我在晚間七點抵達根河市區，昏暗街燈是清冷街道上的唯一點綴，行人寥寥無幾，肚皮更是空蕩。我隨意選擇一間掛著「烤羊肉」招牌的小館前停下，店口烤羊肉串的小哥熱情地吆喝著，彷彿久候多時終於迎來他遠方的客人。

　　撥開厚重布滿油汙的防風門簾，我因不知該選烤羊肉或者肉湯麵於前臺躊躇不定；此時，一位穿著深黑色亮面皮衣、臉色紅潤帶著幾分酒氣的男子徑直朝我走了過來。

　　「看你的穿著打扮，你是來旅行的嗎？」他說。

「是的，早上剛從漠河過來，今晚打算停在根河了。」此前從沒聽過根河這個地方，在這裡待上一宿也算是個緣分。

　　「我與我兄弟從你進門就開始猜測，身穿皮衣、戴著護肘與護膝，心想肯定是騎摩托車來旅遊的。我倆年輕時也特別喜歡摩托，你要是不嫌棄，就過來與我們併桌，聊聊你的旅行。」或許是習慣了獨自旅行，對陌生人的善意難免總有提防心理，但他眉宇間流露的純然熱情，卻讓我不假思索便一口答應。

　　「在咱們內蒙古請客吃飯，一大塊手扒肉是普遍卻最顯尊貴的待客禮儀。將草原上新鮮活羊宰殺以後，以大火燜煮至七、八分熟，不添加任何調料的清燉方式，最能保存草原羊肉的天然風味；爾後，再取下腰間佩帶的蒙古刀，輕輕於肉上劃下一刀，此時略滲血水的肉塊，便是最鮮嫩肥

美的入口時機哩。」酒過三巡，這位蒙古族大哥拉著我開始介紹蒙古人的食肉文化。

　　蒙古人吃手扒肉的方式非常講究，一般而言，左手持肉、右手持刀，以刀就口、由外而內的方向切取為原則。在古時戰亂之際，取肉時刀刃向外，表現出對他人的防範與社會的動盪不安；而如今祥和之世，遵循刀刃朝內的取肉方法，表現出寧願傷及自己也不能傷害他人的美意，就民俗學的角度而言，蒙古人這種取肉方式，充分展現出對他人的尊敬與體護。初次以這種方式食肉，我自然無法熟稔地使用刀具，幾次沒小心差點劃傷自己；但對於從小生長在牧區的蒙古人來說，拿刀就好比基本的生活能力，即便是隱蔽於脊椎骨間的肉沫，操作刀尖挑取依然顯得遊刃有餘。

　　他們是任職於當地大興安嶺林務局的領導幹部，在一塊森林覆蓋面

積遠大於平地的區域，林務局權限甚至高過當地的政府部門，直接對國家上屬機關負責。而這份職責除了帶給他們榮譽與驕傲，同時也含有一絲令人費解的謹慎。他口中的兄弟，是位頭頂白髮、年近半百、西裝革履的漢族大叔。飯局一開始，便在談話內容中旁敲側擊著關於我的身分與此行目的。

「一個臺灣人、北大學生，騎摩托車跑來根河旅行，這樣的行為實在啟人疑竇。」他的推敲琢磨，有種跨時代的幽默，但並不因此令人感覺受侵犯，反倒讓我憶起國中時候，校內體育館牆面上寫的「保密防諜」四個大字。他的質疑，並未隨我一一掏出的身分證、駕駛證、學生證……各種身分證明文件而消逝，但也並不打擾彼此享受一頓豐盛的蒙古大餐。或者，在內蒙古大興安嶺深處，曾經確實存有某種珍貴的資產寶藏，只不過並非任何形式的金銀財寶，而是一項逐漸逝去的民族文化。

飯間雜談，他們原以為我是奔著「敖魯古雅」的盛名而來，殊不知僅是一段單純的邂逅。敖魯古雅，得名於境內茂盛的楊樹林與敖魯古雅河，但真正聲名遠播則是被外界譽為中國最後的原始部落，及生活在此的少數民族鄂溫克人。二〇〇三年，國家實施生態移民政策，大興安嶺深處隱世神秘的鄂溫克部落，才逐步遷出長遠以來生活的山林，由原始狩獵的部落型態直接進入現代化轉型。直至目前為止，當地的鄂溫克人，部分仍舊保存傳統的狩獵習慣與馴鹿文化，藉由半馴養的方式，成為中國唯一具有馴養技術的使鹿民族。

在當地漢人口中，馴鹿以似馬非馬、像鹿非鹿、似驢非驢、像牛又絕非牛的外貌有「四不像」的別稱。馴鹿是一種對於生存環境有較高要求的動物，由於無法生存在徹底密閉的環境，因此半開放的野外條件需求，很大程度維繫著鄂溫克人自然原始的生活型態。

遲子建以《額爾古納河右岸》一書，記錄下敖魯古雅鄂溫克人民族文化的茂盛，與逐漸走向凋零的衰亡。鄂溫克族傳統文化的命運，並未如同《額》書獲得文學獎那般輝煌，族人在離開山林以後，反倒步入現代化裡的迷惘。作為一個民族整體，消亡的不僅是衰弱過程裡的掙扎與抵抗，

中國最後的狩獵部落

更是每個人心中逐漸褪去與自然共同悲喜的光輝。民族文化並非與生俱來，也難以永世長存，而大興安嶺林間失去的鄂溫克人足印，就像獵人失去他的獵槍與獵場，僅存薄弱的表演形式支撐起的民族精神態貌，是任憑如何呼喊也喚不回隱藏時光深處的民族記憶。

被外界稱為「最後的酋長」的瑪利亞‧索，是遲子建小說裡的人物原型，同時也是現實世界中，鄂溫克使鹿部落的最後一任女酋長。九十多歲的瑪利亞‧索，回憶起民族歷史曾如此說道：

「鄂溫克人過去搬遷的次數不少，從奇乾鄉搬到了阿龍山，從阿龍山搬到敖魯古雅定居點，現在又從敖魯古雅搬到了根河定居點。這幾次都不是鄂溫克人自己想要搬的……」」

「從古至今，鄂溫克人就沒在離城市那麼近的地方養過馴鹿，馴鹿

根本就離不開林子，離人群越遠越好。」

　　這些無奈的聲音，卻輕易地被不顧一切的現代化發展所掩蓋，鄂溫克人寶貴的民族經驗與文化資產，終究可能隨著部落耆老身體的衰亡而逝去。在二○○三年的集體遷徙裡，許多下山走進政府現代化房舍定居點的鄂溫克人，最後仍舊選擇回歸熟悉的山林，他們的抉擇並非單純考量生活的便利性，更多是基於民族自身體內流淌的血液與文化傳承。民族的傳統必須於生活方式中獲得保存，而文化命脈更須透過經驗的積累才得以延續，如今現代化底下的標準生活模式，卻逐步扼殺弱小民族的精神生活，也瓦解人類世界綻放的文明色彩。

　　「我們是個弱小的邊境民族，是靠馴鹿和打獵過來的，祖祖輩輩生活在大森林裡，守著山林，我們跟大自然非常親近，過著自己的生活，我們並不需要太多錢，大自然裡什麼都有。」

　　在現代化城市裡，提供人們生活一切需要的便利與物資，卻也讓人失去審視靈魂的能力；與自然的相處關係，擺脫過去遵循萬物規律的崇敬與畏仰，取而代之是支配的欲望及貪婪。人們不再珍惜手中握取自然供養的資源，而是毫無節制地消耗浪費，當超乎環境承載能力產生自然反撲時，卻回過頭來指責依循傳統生活方式的部落民族，必須背負起破壞生態的汙名。鄂溫克人的民族歷史，並非發生在特定區域裡的特殊經驗，而是濃縮於整個時代中，一種現代對傳統無情的吞噬剝削。

　　「一想到鄂溫克人沒有獵槍，沒有森林，沒有放馴鹿的地方，我就想哭，作夢都在哭！」

　　瑪利亞・索屈就的自述，充滿困乏的低喃，大興安嶺銳減的糜鹿與鄂溫克族人數，意味著一項文化資產逐步走向凋零。當白雪融化、小溪滿流、布穀鳥歡、太陽露臉的時候，而森林裡不再傳唱古老鄂溫克人的歌謠，或許人們才能真正認識到，最後的酋長瑪利亞・索，由衷發出的吟嘆：「我只想回到馴鹿身邊。」

1.《馴鹿國》，顧桃著；北京：金城出版社，二○一三年十月。

蒙古草原的詩歌

激流河　額爾古納河　海拉爾河
草原上　每一條河流
都竭盡所能地在轉換著流向
迴旋　往復　從不遲疑卻也不逞強
蜿蜒前行　這閃著光的曲折路徑
除了河流母親　還有誰
如此渴望去哺育去潤澤每一株牧草的心

——**席慕蓉・〈彎曲的河岸〉，《除你之外》**

如果世界上，真正存有最趨近天堂的模樣，那必定是散發自蒙古大草原上，河流綿延的心跳與牧草濃密的芬芳。由根河前往滿洲里路上，遼闊的呼倫貝爾大草原，以它壯盛的碧綠而令人窒息。輕盈舞踏在柔軟綿綠草甸上的成群牛羊，不經意散漫出愜意的慵懶時光；草原公路兩旁，一望無垠的明朗寬闊，偶爾點綴幾座起伏的綠茵草坡，時間與空間，便深深凝結在呼倫貝爾的詩意裡。

　　草原的風，糅合參雜藍天與嫩草的比例，飽含多變的線條與色彩，還有她奔掠而過之時的經歷與進取，我幾次禁不住停下腳步，駐足觀察關於風的顏色。輕撫迎來的微風，緩慢而柔和是帶有靜止的蔚藍；倘若翻越遙遠的兩座青坡，拂掠過鄂嫩河、扎敦河、莫日格勒河蜿蜒流淌的水道，迎上心頭則是一股通透沁涼的碧藍；而呼嘯凜畏的風掃，以一種近乎掠奪

的剛勁，匆匆於草原劃取一塊幼嫩的景色及氣味，這時一鼓作氣灌入腦門
的，則是瞬間綻延開來的靛青。在這裡，風的呈現不單是一種自然現象，
似乎更貼近一種淋漓暢快的癮。

　　若是心思更加縝密，連生長在呼倫貝爾的每一株小草，都能具體感
受出其中關於色彩的韻律。初夏的小草，多半帶有柔嫩的艾青氣息，有時
伴隨深褐色的土青，尤其當喘息於大雨滂沱以後的泥壤之間，往往還夾雜
著天空烏雲密布裡的幽灰；但你可以感覺出，那樣的昏淡並不因此令人抑
鬱，反倒可以嗅出幾分滋潤大地的野心。沒有城市裡對雜質、浮塵的包
容，也沒有蘊含人為過度刻劃與工業汙染的繁重，每一顆準備下落的雨
水，都飽含最原始豐裕的富足，重新回歸到草原母親河的懷抱裡，孕育這
片土地上的所有生靈。

　　也許長期浸染在自然環境與美的薰陶，當地的蒙古牧民性格也顯得尤其真誠，每當停下腳步駐足賞景時，遠方草原上的牧民便會主動上前寒暄兩句。

　　「您打哪兒來呀？」、「準備往哪兒去啊？」熱切的呼喊彷彿同時捎來牛羊馬驢成群的問候。但令人印象深刻的，依舊是短暫攀談以後，每次別離前奉上那句「一路平安」的祝福；如此平淡樸實，卻又滿藏著給予異鄉人的深切祈語。行走在內蒙古草原，人與人彼此的情感交流，好似前世的相識於今世的重逢，從初見陌生到下一秒的熟識，這裡有著草原子民渾然天成的爽朗熱情，也有大地母親河最為溫柔的哺育。

　　行走在蒙古草原上，總是特別容易感染「愉悅」的氛圍，一種非常純粹而直指內心的快樂。這裡沒有宏偉純白的雪山，也沒有遼闊湛藍的海

洋；沒有距離天堂最近的海拔，也沒有城市裡的歡鬧喧譁。但一望無際的青色草場，卻讓它無疑是最接近天堂的地方。

　　蒙古草原快樂的渲染，簡單、直接而純粹。是雄鷹、是駿馬、是肥羊，是草原民族滿盛的酒碗與嘹亮的歌嗓，是隱藏在綿綿山巒間，茂盛牧草的蓬勃滋長。蒙古族人是天生的歌者與自然的使者，他們善於用音樂傳遞古老大地的心跳，表達來自「騰格里」祝福的話語。而跪乳的羊羔與蹣跚的牛犢，透露出大草原上的勃勃生機，在每一次輪迴裡，都滿載著「騰格里」聖潔的眷顧與祝福。蒙古人信奉最高的天神「騰格里」，祂是萬物的主宰，是永恆的神「長生天」。而草原上原始薩滿對自然萬物的崇拜，這種純然而生的崇畏與敬仰，蘊含在每棵大樹、每株小草、每條河流的生命裡，它們在蒼天的照耀底下滋長，同時也回饋身邊芸芸眾生和萬物，原

始深切的供養祝福。

　　薩滿信仰，也許能夠視為最原初的人文主義精神，它建立起「人」與「自然」兩者之間，原始生存本能以外的一些聯繫。在宗教的意義上，薩滿信仰往往缺乏嚴謹的觀念及體驗、或單一的崇拜對象與社會組織，但山川、河流、日月、星辰、火焰、甚至是石頭，無處不在的泛靈信仰，卻是對自然萬物最為謙遜的表現。

　　蒙古人面向自然、接觸自然的態度，無論在任何人的心靈上，都能產生強烈的碰撞與衝擊。他們遵循自然萬物本身的發展規律，從不將個人意志凌駕於自然之上；那是關乎面對任何一種生命時，所應該持有的信念、態度、意義與價值。草原民族對於生命的崇尚表現，透過生活方式影響著思維模式，同時也是來自「騰格里」至高權力的規範準則，而這裡的

所有生命，皆按照自身安排的軌跡行駛。無論是打從生命源起，就注定作為肉身供養的牲畜，還是居於食物鏈頂層，對於自然無盡獵取的人們，哪怕是每滴乳水、每株牧草、每次光照與月映，草原上的任何生命，都厚實尊享著作為萬物之靈應有的權利。

　　牧民們一輩子依賴草原生活，而他們對待羊群、宰殺羊羔的方式，更加體現出蒙古人的尊重生命的「親畜」心理。「開膛剖殺」，是蒙古人傳承自古的殺羊方式，有別於砍頭、擰脖的宰殺方法，開膛是一種相對較為溫和親善的習俗。蒙古牧民殺羊，首先在其胸口劃出一道小口，爾後將手擠入羊腔探尋主動脈，緊接著揪斷血脈令血液灌入腔體。依循這種殺羊規矩，除了讓羊隻死得迅速進而減少痛楚以外，也防止血水外濺沾染羊毛。草原牧民朝夕與牲畜相處，因此於宰殺之時，尤其忌諱在羊隻身上的痛苦折磨，從古時蒙古帝國起，便遵循開膛剖殺的方式，一直延續至今天的蒙古牧民。

　　蒙古人信仰萬物有靈，並深受喇嘛教的影響，因此認為不管是人與動物，死後皆可以投胎轉世。並且，蒙古人眼裡無論人、牛、馬、羊各種生命，死後靈魂將隨著目光移動去往遠方，所以宰殺羊隻時，應當讓羊的目光朝望蒼天，為的是獲得更好的超凡轉世機會。

　　在過去歷史的宗教衝突裡、意識形態的戰火紛爭裡，由此地尊重各類生命的信仰出發，越加突顯其中的荒謬。當人們的密度越集中，彼此關係卻越是疏離；生活物資越是豐裕，內心卻越顯匱乏。草原上隱藏關於快樂的秘密，其實僅是單純的「謙卑」、「知足」，與對「生命之美」鉅細靡遺的體察。只是當我們自身關閉那道原本善於處理細膩的心思，切斷與外部事物更加緊密的聯繫，一切內在的渲染也因此而延遲、停滯、甚至是遺忘。

　　三天時間，我由北端的額爾古納來到呼倫貝爾，從滿洲里前往阿爾山，整片東蒙古的山巔與草原，所有景物皆深深地刻印心底。而草原的寬廣遼闊，不僅於馳騁之時感覺心曠神怡，腦海裡激起的千思萬緒，更猶如潮水般地洶湧澎湃。或許是蒙古草原的美麗虛幻，給現實生活的雜亂無章帶來不小衝擊，又或者漫長寂寥的騎行，給腦袋騰出更多的思考空間。我

在午後的呼倫湖畔，憶起某次哲學課堂裡，探討著關於「何謂最好的人生真理？」

「把握每個當下，及時行樂。」

「妥善管理，做自己想做的事。」

「熱愛自己、熱愛生命。」

答案眾說紛紜、看法參差不齊，而此類過於空泛的文辭定義，卻總給人一種摸不著邊際的空虛。「將當下視為目的地的人生，是最好的人生。」這是當天自己所能接受、同時也奉行至今的準則。關於「人生」的討論，我們很可能僅是進行一項微不足道的註腳工作，甚至走完漫長一生，也貢獻不出任何實質的參照意義。但將當下視作唯一目的時，它的意義便產生於行為本身，妥善安放在即刻、剎那的瞬間裡。認真看待當下是對生活的不辜負，存有遺憾更是對生命的虛度；或許多年以後，驀然回首這段靜享呼倫湖畔求索的午後，沉浸在大地母親懷抱的須臾，隨著滿布敖包七彩風馬旗的飄蕩，憶起遙遠的蒙古大草原之時，真能打從心底坦誠無愧地認為，自己真切實際地認真活過。

千年敦煌

二十一天前，我揣著夢想由北京出發，順著中朝、中俄的三國邊境，再穿越大興安嶺森林與蒙古高原，整塊東北地區八千公里的環行，在抵達盛夏炎熱的北京後宣告完成。短暫幾天的停留休整，於六月十四日繼續踏上後段的環華旅行，那是八十八年前切・格瓦拉出生的日子，我以為如此能夠多少帶有致敬的意義；從他身上的思想及行為、靈魂與品格，真切體現出一位國際共產主義者應有的模樣。在我眼裡，格瓦拉果敢於「面對現實、忠於理想」的勇氣，是真正審視誘惑而踏實堅守自己的執著。理

想主義者總容易淪為旁人的笑柄，追逐夢想的行徑更令人感覺不切實際，但這趟發想於格瓦拉摩托車日記的旅行，也逐漸讓我體會出，即便我們生活陷入泥淖，仍然可以優雅地仰望星空。

　　結束環中國旅行四分之一的東北旅程，我經由張家口、呼和浩特、巴彥淖爾一直去往蘭州與西寧。於此之前，途經寧夏銀川西側賀蘭山東麓的「西夏王陵」，率先開啟後段綿延千里「河西走廊」的古文明大門。西夏王陵占地五十八餘平方公里土地面積，廣散分布九座十一世紀初至十三世紀各代黨項族帝王陵寢，各方陪葬墓兩百餘座；黃沙土石砌造而成的錐狀陵墓，歷經千年雨水浸蝕及風化作用以後，現今大部分遺址僅存斷垣殘壁，城外角臺、闕臺、碑亭、月城……等遺跡，更似隨興散布地面的螻蟻殘穴。當西夏王朝被蒙古帝國覆滅以後，這座淹沒千年的王陵，直至近代

考古人員進行挖掘才重現天日。由規模而言，行走在偌大的陵園，仍舊可以感受出王朝曾經的強盛輝煌，而屬鮮卑後裔的黨項族人，在遙遠的西北地區建立起民族王國，更能體現這片遠古大地上過去民族的豐富性。

　　我滿心期待駛入西北，摩托車引擎卻隨著青藏高原逐漸提高的海拔，陸陸續續開始發出抗議。首先由西寧的兩千公尺高度，半天時間攀升至青海湖畔的三千公尺，摩托車動力明顯變得薄弱，每當油門觸底，仍舊彷彿一匹老馬馱著超負承載的重量緩行；它的喘息令我擔心可能斷氣在青藏高原，幾次停下試著調整空氣與汽油的混合比例後，最終證明機械總比人類顯得堅強。緩慢拖拉在仲夏時節裡的油菜花田，青海湖氣候嚴寒溼潤，因此湖岸的油菜花季也比平地稍微晚上一些；一般花期盛開在每年七月下旬至八月初，我早於一個多月便來到這裡，但尚未完全綻放的花田，

依然宛若一條灑落湖岸的金色大道。

　　傍晚，黃著臉的太陽朝向遠方層疊山巒落下，翌日清晨再紅著臉由湖底探出，我把草原上黑白相間的犛牛看了，也把青海湖的一日生滅看了；人們稱它是座高原湖泊，而我總想將它認作海洋，也許遊蕩在外一個多月的漂泊，心底也不由得開始想家。晚間，我入宿在湖濱草原的蒙古包裡，還未進入旅遊旺季的青海湖，連空氣與牧草都顯得格外清新；草原上搭建的帳篷因地勢傾斜讓人頭重腳輕，腦袋充著血睡上一夜，隔日仍舊活力充沛、精神飽滿，這或許是為何詩酒得趁年華的理由。

　　青海湖以西百公里的茶卡盆地，遺落一面天空之鏡「茶卡鹽湖」。「茶卡」在藏語裡即是鹽池之意，以地理位置與面積而論，這裡被譽為柴達木的東大門。鹽湖面上浮有一層乳色透潔的鹵水，鹵水以下便是沉積的

礦物結晶，水位至深不過及膝，至淺處由遠處眺望則宛如行於水面。天空晴朗之時，天是湖的延伸、湖是天的補充；湖面倒影的呈現，更難以辨別究竟是人步入了湖裡，還是走進了天幕。放眼望去鹽湖之景信手拈來，一幅幅光線斑斕色彩絢麗的畫卷就此展開，我想在如此單純的畫裡多做停留，但添了一絲人跡反而顯得造作。

　　在海北停了一宿，隔日我繼續上路來到祁連山下，準備翻越祁連山脈進入甘肅。山脈以南陰雨綿綿，過了幾個埡口以北卻是萬里無雲，佇立山頂眺望兩端氣象差異，不由得對一方之地兩樣情發出由衷驚嘆。山的北面是張掖，以境內丹霞地貌而著稱，幾年前曾經來過這裡，此次算是刻意重遊想勾起心底隱藏的一點回憶。總感覺人是因為有了回憶才容易懊悔惋惜，但那也使人更加努力把握未來的任何契機，我依然沒有前去觀賞落日

餘暉映下的丹霞，給自己再一次重遊的理由。

　　由張掖出了嘉裕關便是敦煌，這裡算是古代中原通往西域「絲綢之路」的真正開端。漢唐之世，作為一條通往中亞直抵西亞的黃金通道，如今仍然保存許多重要的歷史名城與文化古蹟。嘉峪關、玉門關、陽關，這些關閘隘口用它們的漫長等待，守護著時光千年的變幻流逝；張掖、敦煌、酒泉，這些歷史名城用它們的文化底蘊，展現出亙古文明的不朽永恆。這裡有中國最早異域文化交匯融合的痕跡，也有近現代創建最早的衛星發射基地，這是一塊充滿古今、舊新時代擦撞火花的境地。

　　千年以來西北的蒼涼已不在話下，一首「勸君更盡一杯酒，西出陽關無故人」的送別詩，貼切提點出關外杳無人煙的孤寂，對比關內敦煌美奐絕倫的莫高窟，彼此更有天差地別的距離。莫高窟，早於一九八七年便

被列入世界文化遺產名錄，分別與大同雲岡石窟、洛陽龍門石窟、天水麥積山石窟並稱為中國四大石窟。其中莫高窟又以它恢宏規模與細膩工筆，代代深刻記錄下中國歷史的變遷與中華文化之意蘊。不到甘肅，無法把握華夏文明的起源，而不到敦煌，更無法了解佛教藝術的透徹淋漓。莫高窟以它獨特的意境與規模，在朝代的更迭裡始終享有極高的價值地位，石窟壁畫上的山川景物、亭臺樓閣、飛天造像、佛法經變，藉由多幻故事與絢爛色彩，刻劃出一塊地方、一個民族、一項精神乃至一種文明的「發生」與「變易」。

　　從散落曠野的空心墩烽燧到長城第一墩，由莫高窟裡的屠房、草庵、帳篷到四壁三龕窟，全窟七百多座經洞與兩千尊泥彩塑像，構成數千年來世界規模最宏大的佛教藝術盛地。在莫高窟西北的十多公里處，還存

有世界唯一的荒漠甘泉奇景「月牙泉」，環繞在鳴沙山裡的月牙泉，自古就是「敦煌八景」之一，因泉水形狀彎曲清澈，宛如天上一輪明月而得名。站在泉後的鳴沙山丘，遠眺滾滾黃沙，心馳頂上孤嶺，一幅「大漠孤煙直」的美景盡收眼底。

想攀登沙質鬆軟的鳴沙山丘並不如想像容易，於沙上行走時更顯困難乏力，往往踏上一步便要退滑半步。我在隔日清晨五點，想趕早登上鳴沙山欣賞大漠旭日，但風吹狂沙卻叫人吃盡不少苦頭。鳴沙山位在月牙泉南側，繁耗體力的攀行與乾燥環境，僅能遠望逐漸縮小的泉眼解乏。關於這座大漠裡的神奇泉水，似乎有著這樣一個傳說：「某年敦煌發生嚴重大旱，人們饑渴難忍、莊稼無水不生。此景被天上的白雲仙子所見，她感念生民之苦而落下傷心眼淚；淚水最後化作一股清泉灌溉大地，人們為感謝

她的慈悲恩情便造廟紀念。而被冷落一旁的神沙大仙，因心生妒忌便用周圍的沙山企圖包圍清泉。眼見泉水一日不復一日的白雲仙子，最後無計可施轉向求助嫦娥，她向嫦娥借來初五的新月放往大漠，便成為如今一眼碧波蕩漾的『月牙泉』。」

　　我一面攀爬鳴沙山丘，心底一邊想著這個故事，雖然是帶有幾分神話色彩的浪漫傳說，但最後登上數十公尺高的鳴沙山頂，遠眺沙漠盡頭彼端的日出之時，山下綠洲泉水與眼前遠東旭日，所形成一幅日月相應的景色，似乎更為這美麗傳說添上一筆動人想像。佇立沙頂，當地平線上金黃光芒四射而出的剎那，一種大地於眼前悄悄甦醒的內心悸動，更是只有隻身獨處在滾滾黃塵的大漠中，才能真正體會出何謂對生命的感動。那是一種感發於自內而外的內在能量，藉由人與外部環境「彼」、「此」的對立中釋放開來；當陽光射入眼簾打入心底後，產生連串生理與心靈的刺激反映，眨眼間，作為眾生個體之一的「我」，似乎於世界關係裡的矛盾也逐步消弭。取代內心的任何欲望，打破妄想的所有偏執，在茫茫天地間感受一絲存在本身的虛無。而此刻，心中似乎真正得到一種安「生」立「命」的踏實。

chapter. ④

新疆

柔情哈薩克

　　我由G30高速公路離開敦煌，在內地幾乎所有省分，國道高速對於摩托車是完全禁行；而去往邊疆路上，所能選擇的聯外道路數量寥寥無幾，因此駛入高速公路成了與站務人員的一種默契。敦煌西北方向兩百公里是星星峽，過了星星峽後便是新疆，星星峽本身並非峽谷，而是一處峰巒疊嶂的隘口。它的名字帶有浪漫的詩意，令人產生小鎮夜晚滿天星際觸手可及的想像；而實際上，星星峽卻顯得有些蕭瑟蒼涼，這裡曾經是各地商販通往西域的必經之地，但隨著現代化鐵路建設的腳步，小鎮的繁華也逐漸走向沒落。

　　趕上七月最炎熱的季節進入新疆，公路柏油不僅因為曝曬而變得黏軟，兩旁戈壁也未有一絲綠意，遑論想尋覓一棵避蔭的綠幹。進入新疆前，我特地準備騎行疲乏之時能夠隨處懸掛的吊床，然而想在戈壁灘上找樹，更是天真單純的癡人說夢。一路恍兮惚兮，未感其中有象，惚兮恍兮，也未覺其中有物；直至碰見輪廓精緻、面貌姣好的西域民族，這才真正感覺恍惚之間，早已進入兩地空間的轉換。

　　對於這片「魔幻西域」、「新的疆土」，人們對它的認識存在許多偏見與誤解。有人說，荒原戈壁是恐怖主義分子的溫床；有人說，少數民族充滿排外的種族主義情緒；更有人說，那裡的孩子們都騎著駱駝上學；還有人說，新疆整體發展遲緩、人民貧窮，沒事千萬別去新疆。

　　然而，他們所說的一切，卻都不是我眼中所見的新疆。新疆是中國最大的內陸省分，土地面積占全國總體的六分之一，相當於河南、河北、北京、天津、山東、山西、湖北、湖南、陝西、安徽、江蘇、浙江、上海這十三個省市面積相加的總和。由新疆的東端到西端，必須跨越兩個時區，直線距離約一千九百公里，大約是臺灣南北距離的五倍；新疆也是多個少數民族的聚居地，境內以超過半數的維吾爾族為人口主體，同時，全

境以瓜果之鄉、歌舞之境、玉石之邦而聞名。

　　而此次的摩托車環華旅行，很大程度也是將目光放及於這片遙遠西土，它的神秘與夢幻，帶來無限遐想、憧憬與期待。當新疆真正列入旅行計畫的一部分時，曾有許多人百般勸阻我別去新疆。似乎，在多數人眼中，「新疆」便與犯罪、危險、落後、荒涼劃上等號。但北國喀納斯、高原明珠賽里木湖、地球之耳羅布泊，與流動沙漠塔克拉瑪干，這些自然的原始秘境，彷彿在遠處聲聲地召喚，呼喚著我一定要親自到那裡去。

　　過了哈密以後，G312國道便與G7高速公路併線，這是一條由內地通往新疆的主要道路。在甘肅端的G312國道景色，原先兩旁成片的白樺樹林與油菜花田，隨著進入新疆地區，逐漸轉為雄渾壯闊的戈壁灘與荒漠。這段路程是對人體的極限挑戰，也考驗著精神與毅力的堅持。途經哈密、

　　鄯善，再由吐魯番到烏魯木齊，這些曾經地理課本裡標註的遠方，如今一一於眼前呈現。而著名的「火洲吐魯番」，境內以不同深度的火紅礫岩，層嶂堆砌成為火焰山而揚名於外。《西遊記》裡的孫悟空，曾於此地三借芭蕉扇撲滅火焰山烈火，但當我抵達吐魯番的前一週，它的炙熱烘烤下，仍舊以直逼五十度的高溫奪走幾條人命。

　　白晝的戈壁公路，往來車輛甚少，加油站裡往返運輸的聯結車司機，納悶地問我：「天氣這麼嚴熱，大老遠跑來新疆幹嘛？」或許摩托車旅行在許多人眼裡，是浪漫又獨具性格的代表；但面對當時如此殘酷的氣溫，厚實車衣底下早已浸透了汗水，內心不由得也開始拷問自己：「我到底在幹嘛？」

　　吐魯番與烏魯木齊途間，位於天山北麓與準格爾盆地南端，有一塊

被譽為中國風都的區域「達板城」。是中國最大的風力發電區，曾在二〇〇七年時以強勁的瞬間陣風吹翻火車而成名，整條風區公路，雖然僅有短短三十公里，我卻耗用兩個鐘頭連推帶拉才安全穿越。達板城區每年將近一半時間處於風期，風力資源自然成為最主要的經濟產業，面對無所間斷的超強陣風，行駛時幾乎是以三十度傾角前進，還得時刻提防右側陣風與左側貨車的夾擊；此時，令人深刻體會出人類面對自然力量時，宛如螳臂擋車寥無縛雞之力。

雖然甫一進入新疆，便要面臨連串嚴苛的氣候條件考驗，但眼前曠野、荒原、戈壁諸如此類的特殊奇景，卻替從前島國生活前所未聞的經歷帶來補充。那樣的驚奇冒險，不斷刺激著體內腎上腺素分泌，宛如一顆興奮劑的能量由體內源源湧出。行駛在這片美麗的魔幻西域，細胞、毛孔，甚至是所有的感官系統，全都放大百倍去接收、體驗一種嶄新氣象。

旅行與閱讀，似乎是消除人們無知與避免無趣的方式，也是將每個個體刻入性格劃出態度的手段；所走過的每一條路，正因為彼此閱讀的積累而有不同，即便重複相同的道路，色彩、氣味、聲音等各項元素，融合造就出每個人的獨特理解、認知與記憶。

對於新疆，似乎很難以一個精確的詞彙去定義描述它的驚奇。它有著魔鬼城的神秘、那拉提的寧靜、阿勒泰的美豔、喀什噶爾的熱情。或者更準確地來說，親身接觸以後為它如此著迷的原因，是因為這裡具備某種民族意義的豐富魔力。維吾爾族、哈薩克族、塔吉克族、烏茲別克族，這些西域民族用他們自身的傳統文化渲染腳下的遠古大地；滿族、蒙古族、錫伯族、俄羅斯族，他們的長遠遷徙至今仍然豐富綻放飽滿的生命活力。而所有的異域旅行最令人懷念的，永遠是那些觸及「人」時，不期而遇的偶然與奔放的熱情。

我離開烏魯木齊，沿著準格爾盆地東側北上阿勒泰，去往西邊鄰近哈薩克斯坦區域，鄉間散落不少哈薩克族聚居區。在哈薩克人的語言裡，有句這樣的古老俗諺：「如果在太陽落山的時候放走了客人，那就是跳進大河也洗不清的恥辱。」

那是一段前往克拉瑪依的旅途，過了烏倫古湖的傍晚，我正準備結束當天的騎行，途經一個不起眼的哈薩克族村落，或許是緣分將我帶往那裡。旅行樂趣在於計畫以外的驚喜，我臨時起意拐了個彎進入村子，在一間平凡普通的小飯館前，將車停妥準備進入用餐。撥開餐館門前懸掛的防沙門簾，身上的塵土令我感到有些難堪，放眼望去六、七坪的店面裡，僅端坐著一位七、八十歲的哈薩克族老奶奶，與她的年輕孫女，我猜便是餐館的主人。由於平時當地的漢人並不多見，也鮮少有遊客路過此地，因此雙方溝通基本不太能以漢語交流。

一陣比手畫腳以後，沒過多久一碗熱騰騰的麵條便端上桌前。老奶奶非常熱情地想要說些什麼，而彼此的十句話裡卻有九句都無法理解對方意思，但仍然可以感覺出，她柔軟的哈薩克語流露出的那份關懷，還有對

於遠方陌生客人的疼惜。最後在她孫女使用簡單漢語單詞,從中充當彼此的翻譯,而雖說是翻譯,其實不過是「燙⋯熱⋯筷子⋯」而已。

四十度的高溫,我頂著滿臉汗珠吃下碗裡麵條,裡層的運動T恤早已不知被汗水浸透多少次,實在炎熱難耐。此時,回到廚房的老奶奶,似乎偷偷望著眼前的這幕景象,她拐著行動不便的腿一步一步朝我走了過來。她站在桌沿默默地解下輕繫腰間的潔白面巾,爾後伸手遞了過來,再於眼前晃了一晃。我當時並沒有理解她的意思,她於是緩緩地將手再伸了過來;這次,是直接輕輕擦拭著我額間上的汗珠,當柔軟面巾瞬間吸附額頭飽滿的水分,同時也帶出於我心底那份瞬間潰堤的悸動。

她的雙手,布滿歲月殘留的痕跡;而臉龐皺紋,則刻劃一道道時光荏苒的滄桑,但在替旅人拂拭心靈時,卻又顯得如此用心而柔巧輕盈。直

至離去以前，我的心底仍然充滿好奇，在這裡，為何人與人之間可以如此沒有防備也沒有距離？最後當我步出餐館準備向村口離去時，再次回望村裡那間小店，麵店老奶奶正牽著她的孫女，不知佇立門口多久而遠遠地朝我揮手道別。

　　原以為自己不過是匆匆過客，但似乎更像她們早已熟識的遠方朋友。原來，於這片廣袤的土地上，所有的不期而遇可能也將再是後會無期。這是西域民族的溫柔，也是哈薩克族人的熱情。

巴特爾‧賽里木

　　旅行路上，總能遇見一些與你持有相近價值觀、正做著相同事情的人。來自湖南的小A，我們初識在遼闊的北疆草原，當時他騎著一輛250太子摩托車，後方載著女朋友與一袋烤饢，迅速地由我身旁奔馳而過。

　　在寬闊無人的草原公路，除了牛、羊、駱駝與氾濫的黃鼠，能見著人搭上話是件無比幸福的事情。我催促手握的油門，奮力向前想跟上他的速度，大約十五分鐘左右隨行，我倆最後停在一條偌大的交岔路口。

　　「你也是來摩旅的吧？出來幾天啦？我從克孜勒闊拉開始一路跟

你，一直到了後面才追了過去。」他臉上堆滿燦爛笑容，一面親切地向我問候。

「是啊，環華旅行從北京出發，已經一個多月了，到了這裡也差不多走完一半。」相較於他的熱情，我的目光反倒更停留在他車上懸掛的大袋烤饟，自昨晚嚥下最後的泡麵以後，沒預料到半天時間還抵達不了下個村落，整天便這麼空著肚子騎行。

他似乎敏銳地體察出眼前這位車友的需求，我們隨興停憩路旁，喝著我的紅牛、啃著他的烤饟。他們由湖南出發，來到新疆已有一個多月，人剛到喀納斯便接到「髮小」₂電話，嚷嚷著下個月要結婚，讓他們盡速

2. 北京方言，指從小一起長大的玩伴。

趕回老家，於是乎正在返回湖南的路上。

　　我當時去到阿勒泰，因為時間不足、季節不對，便也沒有去到人們口中的「童話世界」喀納斯，對他方才提到的關鍵詞，心中難免充滿著好奇與遺憾。我詢問喀納斯是否真像童話仙境？喀納斯湖底是否真如傳言那般住著水怪？對於自己未曾親眼所見的秘境，總存有許多欲望及幻想。

　　「我們在喀納斯被人挾持了！」他一面啃著冷硬的饢，一面平淡地說出這句話。當時，他們覺得門票價格太高，於是計畫摸黑走小路混進喀納斯，就在進入景區裡的某座村莊前，被一位酒氣熏天手握砍刀的維族小夥兒半路給攔了下來。

　　「當時實在嚇壞了，以為碰上搶劫，上前拿刀便抵住我的脖子。」他說起經過，表情仍顯餘悸猶存，緊接著下一秒卻冷不防畫風突變。那人

拿刀抵住他的脖子以後，指揮後座的女朋友下車；接著，男子便一步向前跨上摩托車，命令他載著自己飆車。

性格樸實的小A，被這突如其來的要求搞得手慌腳亂，原先準備伸進兜裡掏出錢包的手，硬生生又給縮了回去。面對後座的「搶劫」男子，一邊擔心醉酒的他不小心便會摔落車下，一邊是架著砍刀的脖子又不敢不從。最後，於村裡道路飆上兩圈以後，返回原地，那人才心滿意足的放行。

他的經歷著實刷新我對奇葩事件的認識，一路過來，總有人提醒我身在新疆得特別當心，尤其當面對少數民族的文化差異時，更需要格外謹慎留意。而總歸來說我的運氣不錯，並沒有遇到任何危機與衝突，唯獨這次由他的經驗，重新改變了我對「搶劫」的定義。

博爾塔拉西側，有一座海拔兩千公尺的高原湖泊「賽里木湖」。在蒙古語裡，賽里木有「牛的脊梁」之意，而湖泊周遭的景致，四面環山綠草如茵，宛若一頭慵懶的大牛屈身守護著這片高原淨海。賽里木湖是大西洋暖溼氣流最後眷顧的地方，因此又被稱為「大西洋的最後一滴眼淚」。在東西橫跨兩千五百餘公里的天山山脈中，賽里木湖似乎更像一顆上帝遺落大地的明珠，反映著高原一片祥和幽靜，也照映出自然的鬼斧神工。

　　賽里木的湖水色調，並非天空倒影的水藍，也沒有草地折射的墨綠，而是清淨皎潔的無色透明。當夕照之時，粼粼波光於湖面鋪展一條近乎透白的金光大道，筆直通往遠方盡頭界限的火紅落日。就在這座奇幻的美麗湖畔，我遇見後半段旅行的夥伴「巴特爾・賽里木」。

　　與牠相遇的前夜，我紮營在賽里木湖邊，高原的氣溫隨著落日後急

速冷凍，夜裡低溫直逼零度，讓人即便窩在睡袋中仍舊直打哆嗦。睡夢之間，隱約感到帳篷外頭有團恍惚的影子，四足貼地、輪廓似狼。我睡意深沉也沒敢拉下帳簾外望，心底便帶著這樣一份不踏實感，繼續躲回睡袋裡避寒取暖。

　　翌日清晨，陽光初探灑滿高原湖泊，檢視昨夜的帳篷周遭，似乎真有零星散落的動物足跡；不知是否走了好運而與死神擦肩，又或者自己肆意妄為而巧占了誰的領地，置身自然之中，更覺人的行為態度應當時時保持謙遜。我動身開始收拾行李，準備前往下個目的地伊犁，當疾駛於高原公路之時，眼角餘光似乎瞥見一隻黃油油的生物，倒臥在四線道路的正中央。也許是一隻被車輛輾壓的小鳥，也許是車輛遺落下來的塑料袋，心底並沒有特別在意；而當我由牠身旁呼嘯而過時，似乎又感覺出一對力量微

弱的雙眼，拚命地想要傳達生命氣息。

　　在五百公尺左右的距離，我停下車來回頭查看，竟發現是隻年幼體弱的小雛雞。也許當時高原氣溫偏低，又或者因為某種原因而飽受驚嚇，剛遇到的小雞身體不斷顫抖，我暫且由行李中騰出一點空間，將牠揣入摩托車側邊的皮格箱包裡。

　　在後來路上，我給牠取了「巴特爾‧賽里木」的名字，賽里木是姓，巴特爾是名。在維吾爾人的取名規則中，孩子的姓是父親的名，而我們相遇在新疆的賽里木湖畔，因此便也按照當地的習慣替牠命名。巴特爾，在蒙古語、維吾爾語裡，都有「勇士、英雄」之意；而賽里木，則是一個令牠重獲新生的地方。藉由名字的儀式，除了希望這隻體弱多舛的小雞，日後能夠順利成長苗壯以外，也讓我們彼此之間的聯繫，產生出一種

無可替代的牽絆。

如果環華旅行的前半段，獲得體驗是較為深刻的孤寂，那麼自從遇見小巴以後，有牠陪伴的後段旅程，則是一種初為人父的責任體驗。旅行之始，我透過日記方式，想忠實記錄下旅途經歷見聞的點滴，其中一篇，便象徵著關於我們共同的旅行故事。

「在最後一篇的環華日記，奉給我旅程的夥伴——小巴，我們初遇在新疆賽里木湖畔，那也是牠重生的開始。當我由高原公路撿起牠時，微弱生命跡象令我對牠的生存完全沒有把握；然而，牠展現的生命活力、乖巧聽話，就如同巴特爾的名字一樣，充滿著勇士的光輝。我們一路穿越沙漠、越過高原，體驗四十五度以上的酷熱、挺過零度以下的嚴寒；這一路嚴苛的氣候環境，經常擔心彼此將難以堅持下來。經歷過沙漠中斷水、山

溝裡摔車、五千公尺高原反應，與各式各樣的艱難考驗，每次於荒蕪人煙的山林發生意外，也因為彼此的陪伴才得以消弭心底的寂寞害怕。」

曾經覺得獨自一人的旅行，是如此自由、如此奔放，是無法躲避雜亂世界干擾於內心的最後嚮往。但當生命以另種形式，闖進單獨而略顯平淡的旅程時，才真正體會唯有當快樂能夠獲得分享，才是真正的快樂。

「我們一起吃、一起睡、一起玩，甚至彼此的獨立性格偶爾還會相互發點牢騷、發脾氣。然而，面對隔日的共同目標，還是一起出發挑戰未知的冒險旅行；或許難以想像，這趟旅行倘若沒有小巴的參與，該是多麼的乏味失色。沒有草原上奔跑的自由、沒有海邊衝浪的樂趣、無法共同欣賞日月運行軌跡、也無法共同讚嘆漫天星際。在色達，我們一起轉遍所有的經筒，只為替牠修得來世更好的福氣；在喀什、大理，我們住進最棒的

青旅，遇見形形色色的人群。如果沒有遇見小巴，旅行可能因此變得樸實單一；如果小巴沒有遇見我，性命可能早已逝去，而我們在相互彼此的偶然之中，深深勾勒出緊密的牽絆聯繫。」

我們透過行走的方式，發展出一套「人」與「動物」的革命友誼，我總是很難向他人清楚訴說，人與任何生命物種，能否產生一種真摯的情感交流。但旅途中共同的經歷、見聞、情感、思緒，讓我真切能夠感受到，共同面對壯闊景致時彼此的內心悸動，而非出於純然的擬人想像。

切‧格瓦拉的摩托車旅行，在他的好友阿爾貝托的參與下完成；而我的摩托車日記，也在巴特爾的陪伴下結束。如同切‧格瓦拉於《摩托車日記》裡描述：「這不是一個英雄的傳奇故事，也不僅僅是一個憤世嫉俗者的敘述。這是兩個生命的短暫交會，是兩個懷著相似希望與夢想的生命的一段共同歷程。」

我們或許沒有揣懷相似的希望與夢想，卻是兩個生命意外的短暫交會，藉由牠於旅途中的乍然出現，帶給我對生命不同維度的思考，與不同探索角度的可能。

塔克拉瑪干驚魂記

　　一個半月時間，一萬五千公里，我從中國的東端走到了西端。環繞渤海灣、翻越大興安嶺、橫穿蒙古高原與天山山脈並行，在橫跨了五個時區以後，進入新疆。在黑瞎子島，見過凌晨三點鐘的第一道日出；在喀什噶爾，老城區裡的艾提尕爾清真寺旁，送走晚間十一點鐘的最後一道日落；在中國，因為幅員遼闊，東、西兩端人民分別都有屬於自己的「當地時間」。新疆境內習慣使用本地的「新疆時間」用以區隔「北京時間」。因為，對於遠道而來的遊客而言，按著錶上的時間作息，很可能將生活搞

得一團混亂。

記得初入新疆，碰上的最大問題，或許不是一場突如其來的沙塵暴，也並非文化語言上的隔閡，而是永遠弄不清楚每天的起床時間與吃飯時間。新疆的陽光慵懶而幸福，如同生活愜意的新疆人一般。在夏季之時，早晨約莫七、八點鐘的日出，才緩緩將沉睡中的人們喚醒，對於生活在東方的人們而言，這或許是一種說不上來的幸福；而冬季，陽光似乎也體貼著，這片覆蓋一層皚皚白雪的土地上，人們每天不斷重複在溫暖被窩與天寒地凍之間的內心鬥爭，於是，早晨十點鐘初探的陽光，成為一種自然的溫柔眷顧。

在這裡，我總是抓不準正確的生活作息，什麼時間吃飯，又該幾點鐘上床。按理說，跨越三個時區的時差，應當讓喀什噶爾比北京晚上三個

小時。然而,全國統一的中原標準時間,讓這座最西端的城市永遠在三點鐘吃午飯,十一點鐘送走落日。漫長的白晝倒也讓日子過得充實,可以慵懶地甦醒,反正陽光也是懶散的,所有不自覺的倉促追趕,反倒突顯出長期都市生活習慣的本質。

在緩慢的城市步調當中,唯一的忙碌氛圍,大概是來自大巴扎裡的熱鬧與喧騰。「巴扎」,是維吾爾語裡「集市、市場」的意思。在維吾爾人的聚居地,差不多每一個村落鄉鎮裡,都有那麼一個貿易熱切的巴扎,它幾乎遍布在新疆的任何角落。巴扎裡頭的喧鬧,主要來自活絡的牲畜貿易與瓜果市集,尤其是豐滿的羊羔,連同遍布成堆的肥碩瓜果,真叫所有見到它的人都心生妒忌。

曾經有人這麼說道:「想了解一個地方的生活,首先要去了解它的市集。」而新疆的巴扎,則充分反映出維吾爾人自古以來重商、崇商的傳統習俗。

巴扎是一個很好消磨時光的地方,除了琳琅滿目的日雜百貨以外,甚至值得讓你花上一天時間,去品嘗哪一間的烤肉香、哪一攤的瓜果甜。這種看似無聊的較勁,永遠都能產生出莫大的驚奇,每當自己以為嚐遍世間最肥美的火烤羊肉以後,總有下次還能遇見那麼一間,從火候、孜然、油脂與羊肉尋覓出一種極致與契合的店舖。這種完美的狀態按新疆的方言來說,便是一種「勞道」₃的感受,一種發自內心所表現出的讚美。

新疆的陽光不僅溫暖而柔和,同時滋育著大地、潤養著人們,也將這樣的美好灑落在每一位能歌善舞的維吾爾人身上。人的文化精神,往往藉由生活的細節獲得精緻體現,而維吾爾人的家庭園林,自然是其中最細膩的流露。耶律楚材曾在《西遊錄》裡對於新疆有著這樣的描述:「家必有園、園必成趣、桃李連延。」維吾爾人是一個善於營造空間美感的民族,每座家庭園林無論大小型態,都有各自關於美的獨特詮釋。它們在色彩間的拓展、互補與漸進,掌握精確熟稔的操作技巧,不拘泥於形式的統

3. 新疆方言,非常厲害的意思。

一，卻能夠駕輕就熟地創造衝突的激情與和諧，這是一個天生善於掌握色彩、營造野趣的藝術民族。

　　延伸到整座城市意象，更是一種浸潤的淋漓。喀什噶爾，中國最西端的城市，古代絲綢之路的交匯點，也是早期中西經濟與文化交流的樞紐。從古時的「疏勒」到現代的「喀什噶爾」，往西連接著平均海拔四千公尺以上的帕米爾高原，一條通往中亞直抵歐洲的主要驛站。隨著城市現代化發展，喀什市區內漸漸聳立起許多高樓商場，但拐個彎走進老城區裡，截然不同的古式建築與濃厚的西域風情，一瞬間仍舊讓人辨別不出身在哪座現代化的城市之中。

　　我在喀什一共待了五天，是停留時間最長的一座城市，它的風貌得放慢腳步細細去品嘗。由老城區出發，沿著人民東路直行，位於城區東北

端的兩公里處，有一塊散落在黃土高崖上的民居，是數百年來維吾爾人世代沿襲的聚居地。裡頭的巷弄狹窄，道路交錯縱橫四通八達，在沒有當地人的指引下，往往很容易迷失方向。但即便在裡頭迷了路，隨處可見的手工作坊與生土建築，木雕、鐵器、土陶、銅鑄等等琳琅滿目的工藝商品，仍舊叫人目不轉睛，流連忘返。在匠人們以最傳統的方式，將手中材料精雕細琢成為一件精美的藝品時，這種勞動過程所賦予的美感尤其令人動容。每一件完成的藝品當中，都注入工匠們專注的心思與凝視，透過一雙布滿厚繭的雙手，呈現出傳統匠人精神的飽滿與價值。

　　新疆之所以如此迷人的原因，除了那裡充滿原始呼喚的自然環境，還有隨時可能面臨無法掌控的危險意外。在塔克拉瑪干沙漠發生的車輛故障，就是最為危險的經歷其中之一。七月十五日，我從和田出發，準備以

兩天的時間穿越塔克拉瑪干沙漠。這是一條南北五百公里長，幾乎見不著人煙的沙漠公路，同時也是世界上最長、唯一建在流動沙丘上的公路。當天下午，準備駛入公路時還碰上一場威力不小的沙塵暴，但這樣的未知旅程總能驅使內心的好奇與探索欲望，帶著興奮的情緒，我仍舊毅然決然地進入冒險。一路黃沙滾滾，深入沙漠腹地裡的乾燥氣候，幾乎要撕裂所有旅行者的喉嚨，漫布成片的金黃色死亡之海，在烈日的烘烤下掠奪每一寸肌膚毛孔中的水分。在沙漠裡，缺水可能是所想得到最為致命的危機。

　　接近晚間十點鐘，距離中途驛站「塔中」不遠時，一場突如其來的意外劃破這種死亡的詭譎。原先綁在摩托車行李上的深黑色車衣，因為一陣瞬間颳起的強風，被掀落絞進車輛鏈條的齒輪裡；高速行駛中的摩托車突然動彈不得，我下意識緊握手中把手操控方向，以避免更嚴重的意外發

生。兩、三公尺的滑行以後，車速慢慢減緩下來，但真正面臨的危機不僅如此，我低頭尋找造成意外的原因，才發現後輪嚴重扭曲的鏈條與變形齒輪，加上瞬間重力壓斷的方向燈及車牌，整輛摩托車都受到不小衝擊。面對這場突發事故，一時還沒從中回過神來，那件被鏈條絞爛的車衣，卻早已死死地卡在齒輪盤裡。

　　我以為摩托車壞了、一切結束了，走完半個中國的旅程必須就此停住了。內心瞬間湧出許多不甘、抵抗、懷疑，甚至是憤怒情緒。然而，這些想法永遠無法解決眼前必須面臨的問題：「一輛動彈不了的摩托車」。我試著從行李拿出維修工具，也許在天黑以前，能夠將整個後輪拆卸、取下變形的鏈條與齒輪，那麼，至少可以推著摩托車步行走出沙漠。

　　我一邊拆卸糾纏的後輪，內心一面想著：「小巴沒死，我也還在。

足夠的維修工具加上以前的沙漠徒步經驗，這或許只是一次面對堅強與軟弱的選擇。」

　　這樣的自我鼓勵顯得有些愚蠢，但當意外發生之時，真的僅能依靠這種愚蠢的方式堅持下去。我也曾想過，面臨即將迅速降溫的夜幕，還有僅存的半瓶飲用水，是否棄車徒步走出去才是最好的選擇。但走了幾步又回頭凝望那輛載著我跨越一萬五千公里、實踐夢想的摩托車，與一路陪伴我經歷各種美好與危難的小巴，似乎沒有任何理由能夠放棄自己最親密的夥伴。

　　倘若只要少喝一口水，就足以提供小巴一次存活機會；在沙漠裡捱過一夜，隔日或許便能討到過路的救兵，「我們是命運的共同體，要走一起走，要留一起留」我又一次在心底這麼告訴自己。

　　兩個小時後，遠方公路邊上透出一米微光。後方行李寶特瓶裡裝著半罐的深黃色尿液，那或許是再過一個鐘頭我將剩下的唯一選擇；而幸運女神在此次意外中似乎願意眷顧她的忠實信徒，微光底下映著一間恍恍惚惚的小房子，小屋裡老舊儲物櫃中的礦泉水，是我此生見過最美的風景。當我用刀割下糾纏後輪的皮衣再重新裝上以後，太陽早已落山，我推著車行走在深黑的沙漠裡，伸手不見五指。當時的內心世界似乎早已超越恐懼，除了生理的飢渴以外，唯一念頭便是想方設法地努力活下去。

　　直至今日，回想起這次趨近瀕死感受的危機，我甚至還不清楚那間深夜沙漠裡遇見的小賣舖，究竟是產生幻覺以後所見海市蜃樓中的一片綠洲幻境，還是真實存在於沙漠裡，給予往來旅人救贖的獎勵。

chapter. ⑤

西南

失落的拼圖

　　我一共用了二十一天時間走完新疆，那裡存有太多關於冒險的經歷及回憶，屆於離開之時，心中甚至懷有某種莫名的難過與憂傷。但我明白，不久以後自己將會再次踏上那片土地，持續進行更深層的文化探索體驗，關於人、關於物、關於新疆隱藏的所有故事。

　　我並未讓低落的情緒持續發酵蔓延，那樣的惆悵總是停留在對美好的依戀，而真正的沉澱反思，才能繼續推進對遠方嚮往的追尋。在旅行的過程裡，淺而易見的改變是，我由原先生活環境裡的憂愁中解放出來，那

些所經歷的困擾、煩惱、局限，隨著跨越文化的思維方式，或許就不再是件嚴肅的問題。對人生意義的迷惘尋覓，過程總歸包含著悲鬱及歡愉的複雜情緒。蘇格拉底曾言：「未經審視的人生是不值得過的。」而審視方式，必定是段道阻且長的過程。但唯有真實地審視過人生，無論以任何形式、任何途徑，似乎才能給心靈上帶來確切的安穩。

離開新疆以後，下個目的將繼續前往藏地，想藉由對藏地信仰的體認，想透過有別以往的途徑，去接觸、理解那些切實以外的真理。我計畫從G315國道離開新疆去往青海，原先打算走的新藏公路，因為遲遲打探不到沒有入藏函的進藏方式，因此取消。在這趟旅行裡，西藏自始至終注定成為一塊缺失的拼圖。從出發前相關的資料蒐集，就已經充分表明想要踏上這塊信仰淨土，其中的困難程度與不可抗力原因。在中國政府政策的

規範底下，一般臺灣人幾乎無法以個人的身分前進西藏，這是純粹出於政治因素的考量，卻不知扼殺了多少自由旅人的心。

我盤算著由內地進藏，或許入藏管制便不會那麼嚴格，但後來發覺在進入西藏境內所有的對外聯絡道路上，幾乎都設置了大大小小的檢查哨所，除了查證國內進藏的遊客以外，也防止類似沒有通行證的外籍與臺灣旅客誤闖。在後來兩次試圖進入西藏的過程當中，最後都以路上的檢查哨所攔檢阻止而收場。在一個封閉的政策驅使之下，這樣的行為儼然無關乎你的政治態度是否正確；也不在意個人的信仰需求是否被滿足，老大哥的決定將會是最後的唯一真理。

就好比人在新疆的時候，面對當地全區高壓戒備的嚴打嚴管維穩政策，所經過的每座城市、城市裡的每條聯外道路，皆須通過行李乃至身分的高度安檢。而相形之下更為苦惱的問題，每座加油站皆已設置刷卡式供油系統，倘若沒有合法的中國居民身分證，電子油槍是完全出不了油。我便親身體驗幾次無法加油而推車前行的困窘，但也感受過陌生人熱心出借身分證的信任。新疆的維穩政策，雖然有其迫切需要性，卻也對過往旅人帶來莫大的不便。

選擇以摩托車的方式環遊中國，除了是對風與自由的追求以外，起碼還帶點「舒適苦行」的意味。熱愛摩托車的旅者，基本都抱持著「四輪承載肉體、二輪承載靈魂」的態度前行。引領速度的是油門，推動精神的則是信仰。在人為的操控底下，西藏對外來者打破不了的隔閡依然存在，但信仰力量跨越一道道試圖阻擋交流的藩籬卻顯得游刃有餘。甚至藩籬之後，是帶給人更加強烈的具體感受，滲透進那些對生命持有懷疑的人，對生活抱有熱情的心，及生活在青康藏高原土地上數以百萬的藏地子民。

雖然最終因為進不了西藏而難掩失落，但後來藉由行走藏區的體驗，於精神上帶來很大的緩解與鼓舞。鄰近西藏自治區的青海、甘肅、四川、雲南等省分，廣泛分布著許多藏族自治州。在這些稱為安多與康巴藏區的藏民們，除了日常中依然延續著傳統意義的生活方式，甚至在不同環境條件底下，各自發展出當地獨特的藏地風格。在四川與青海，人們以

「康巴的漢子、安多的馬」來形容兩地藏區文化的不同，即便同樣概括以藏民族為主體的藏族自治州，但彼此從傳統服飾到人物性格的態貌，由內在的人文精神延伸到自然層面，呈現如此多元而飽滿的豐富形式，是藏文化對任何旅者內心都有莫大吸引力的原因。

　　沿著青藏高原南下，順著川藏邊界這條「臺灣人的邊境線」前行，有許多非常值得體驗的藏地風情。位於青海省南部果洛藏族自治州的瑪多縣，是一塊平均海拔在四千公尺以上的高原地區，也是全省境內海拔最高的地方。「瑪多」，在藏語中的意思為「黃河的起源」，而此處正是中國母親河最初始的源頭。「天上瑪多、黃河之源」，不僅成為生活當地藏民們的一項共同驕傲，也具有獨特的實質意義；在小小的瑪多縣城裡，坐落一塊建築面積約七個足球場大的「格薩爾王文化博覽園」。「格薩爾王」

這位傳奇英雄，在藏族人民心目中的崇高地位，類似於漢民文化當中的「黃帝」，是民族共認的人文初祖，也象徵著民族文化的起源。在目前舉世公認的中國三大史詩當中，藏族的〈格薩爾〉、蒙古族的〈江格爾〉和柯爾克孜族的〈瑪納斯〉，是民族文化資產裡精神文明的凝結。其中藏族史詩〈格薩爾〉，不僅具備非常重要的文學研究價值，更以其獨特之處備受世界民族研究者的矚目。

　　〈格薩爾王〉是迄今世界上內容最長的一部活態史詩，整部史詩的敘述、塑造與呈現，無論從結構的規整與手法表現上，完全仰賴為數不多的藏族藝人，透過口頭吟唱的方式傳承表現。〈格薩爾王〉內容的主要敘述，是關於格薩爾一生降魔驅害、造福百姓的故事，還包括南北征戰、一生戎馬的事跡。由於整部作品內容人物互引、故事相扣，因此數千年來仍

未有人將整部史詩完整吟唱。這可說是藏文化裡經典傳唱中，最為重要的一部文學作品，同時也象徵著整個民族的共同記憶與精神樣貌。

　　而抵達瑪多縣城四千五百公尺的海拔，似乎預示了它夜幕降臨後的低溫，作為中國人類生存環境最惡劣的地區之一，刻骨銘心的寒風如今依然令人記憶猶新。我抵達瑪多時已是盛夏，即便在夏季八月的青藏高原上，最高氣溫仍舊不超過十五度，而太陽落山以後，往往僅存五、六度左右的低溫。對於南方的旅者而言，那幾乎已是冷冬中最強烈的寒潮，但這卻是高原生活裡的一種常態。

　　進入瑪多的傍晚，當我遍尋城裡為數不多的大小旅館之後，物非所值的住宿價格讓我最終選擇野外露營。於此之前，我已切身體會過當高原陽光落山以後，氣溫急速冷卻的嚴冷，我甚至厚著臉皮去往當地的警察

局，詢問能否提供一塊室內空地借我住宿一宿。然而，這裡的政治氛圍似乎也略顯緊張，沒有大陸身分證的「臺胞」身分，也令他們頗感為難。最終，我帶著落寞的情緒步出警局，準備尋覓一處較為遼曠的草原紮營，停在縣城以外一處較為平緩的草坡上。

　　疲乏勞累令我很快進入夢境，而入夜以後，直逼零度的低溫使得帳外草堆迅速結上一層薄薄寒霜。我於寒風中凍醒，拉開帳簾望去是一幅映著皎白月光，好似覆蓋一層蜜糖奇景的大地；柔軟而綿密是自然給予的幸福恩賜，在天與地之間真實的生生氣息於心中湧現。然而，這樣的天然冷藏庫與不斷吹襲而來的寒風，使得帳篷裡身著所有保暖衣物躲藏睡袋中的小巴與我，仍被溼氣逼得直打寒顫。夜晚的冷寒也許可以咬牙苦撐，但我掛心倘若因此而受風寒併發高原反應，或許將會造成不可預

期的嚴重後果。

　　凌晨兩點鐘，於半夢半醒之間，我拖著即將凍去知覺的雙腳，毅然決然開始拔營。我載著行李及小巴，跨上摩托車遊蕩在冷清的縣城街道上，四處尋覓一塊能夠遮風避雨的地方。或許有那麼一瞬，旅途中的所有困苦經歷，令自己覺得彷彿化身塞萬提斯筆下的唐吉訶德，騎著一匹消瘦老馬四處為理想而戰。在縣城外圍水溝道旁，我找到一處理想的庇護所，那是一座在月光下泛著暗銀色光芒的碩大鐵箱，即便在一片漆黑的夜裡，仍舊泛著一幢古堡該有的華麗色澤。

　　我緩緩停下摩托車，幾秒間的端詳思慮以後，毫不猶豫地從行李中抽取那條淺藍色、夾雜著藏青線條的夏季專用睡袋。跨越古堡前窄窄的「護城河」，一頭鑽進開口微掩、氣味不堪的鐵箱裡。我迫不及待地將外蓋闔上，心底暗自慶幸找到一處相當理想的避風所，不僅能夠抵禦高原的颼颼寒風，同時也阻絕與外在世界的聯繫；心中感受徹底自由，身體隨著旁邊垃圾飄散的腐臭亦覺解放。面對生死存亡之時，越發覺得那種不受尊嚴或者道德約束的荒謬，才是真正的舒心坦適。

藏地信仰

　　由瑪多去往色達的路上，要經過玉樹、德格與甘孜，那是蜿蜒在海拔平均四、五千公尺以上的高原公路，除了山巒與藍天，再也沒有更多的文明痕跡。

　　途經玉樹州的結古寺，是藏傳佛教薩迦派在玉樹地區的主寺，追其溯源，弘法最早始於宋朝年間，於現今後藏薩迦地區開始建寺傳教，因此便有了薩迦派的稱呼。薩迦派勢力到了元代時期獲得極大發展，第五代祖師八思巴曾為元世祖忽必烈灌頂，並創制蒙古文字，因此被尊為帝師、大

寶法王；古時西藏地區政教合一的制度，便是由此逐漸發展萌芽。

　　玉樹州境內，除了通天河、唐蕃古道、文成公主廟諸如此類自然景觀及人文遺跡外，包含現存世界最大的瑪尼堆「玉樹瑪尼堆」，發展至今已有三百多年歷史。每一塊堆疊的瑪尼石，都象徵著一份信徒發自內心的祈願，而這座數量碩大的瑪尼堆，相當於承載著二十五億份的祝福。在藏區，幾乎每遇村落必定能見規模宏大的寺院，信仰在藏民們眼裡，似乎便是人生的唯一目的與追求。

　　距離甘孜縣以北一百五十公里處，在川西地槽的巴顏喀拉山溝間，坦露著一顆赤裸而鮮紅的心臟。穿梭在羊腸小道上的喇嘛與覺姆，往來於壇城與俗世之間，如同大地的血液般輸送信仰所給予的養分。那裡是色達，目前世界規模最龐大的藏傳佛學院。

離開甘孜縣城，前往色達的路途並不如它的信仰般平易近人。很多時候，在這條稱之為「路」的碎石地面上，或許僅是一條寸草不生且布滿坑洞的泥道，又剛好踏上些牲畜的腳印與鮮少的人類足跡，這麼稍稍經由外力碾壓後的平整，「路」在心底的意義比它崎嶇的外表顯得牢靠得多。魯迅在《故鄉》裡寫道：「地上本沒有路，走的人多了，也便成了路。」我只能如此告訴自己，現在腳下橫越的泥濘，也許再經由後人的腳底時，也便成了一條真正的路。

　　我以為對於擅長操作機械的現代人來說，駕駛摩托車就如同駕馭草原奔馳的野馬；而我，即便稱不上技藝精湛，怎麼也得算是一位合格的牧馬人。但短短百來公里的路程，卻翻了一次車、二度陷入泥淖，倘若再加上因為抄小道而落在山溝那次的話，這趟追尋信仰旅程也稱得上是真正的

多災多難。而小巴，則險些因為翻車而命喪黃泉。

　　這條折騰蜿蜒的山原小路於當地藏族的牧民眼中，似乎卻又顯得那樣溫和。也許從小生活在自然高原，這些馬背民族的駕駛技術，總能讓你明白無論騎馬抑或是摩托車，於他們胯下都是相同的駕馭道理。我以十分鐘走完的路程，他們能用三分鐘便追趕上來，摩托車上保險桿懸掛的一對大喇叭，向遠道而來的旅者宣示，這裡是屬於馬背民族的領地。見識過藏民的摩托文化精神便也知道，在人們真正見著他們本尊之前，必定先從遠方傳來一段震耳欲聾的節奏，那似乎象徵著最崇高的行車禮儀；兩座崖彎外的電音、搖滾，或者是富含一些人文情懷的藏式民謠，碰面後再親切送上熱情的招呼，藏民們的樂天精神往往帶給人煙荒蕪的藏地山巒，沾染濃厚歡愉的輕鬆氣氛。

　　我抵達色達以後，首次切身具體感受藏民信仰對生命的包容性，是發生在色達縣城裡的青年旅社。那是一個格外寒冷的早晨，我準備動身去往著名的喇榮五明佛學院轉經，青旅櫃檯前留著兩撇鬍子、操著不太標準普通話的藏族老闆，見著我便突然對我說道：「最好帶上你的雞去轉經，這將對牠產生莫大的幫助。」我並沒有明白他話裡的含意，甚至還因為昨晚渾身泥濘，並且帶著小巴前來投宿而感到過意不去。但他似乎完全並不在意弄髒他的旅社，反倒更關心我是否有意願帶著小巴前去轉經。

　　「我不太明白您的意思。」我再次詢問，想確認他究竟是想請我把雞給拿出去，抑或是真希望我帶著小巴去轉經。

　　「轉經，對牠有好處，你應該明白。」他彷彿以為我知道轉經能夠給人迴向福報，卻吝於給小巴也積誦功德。

「對牠好？」於我心底大概明白他的想法，但一時之間仍舊無法理解藏地信仰的包容性。

　　「嗯……用普通話我也說不清楚，但你可以帶著牠一起去轉經，然後替牠來世誦點功德。」開始以為他在與我開玩笑，畢竟昨日甫一進門便與他表明，我是帶著一隻雞夥伴前來投宿，而這樣的荒唐行徑，或許令他覺得旅社來了一位怪人。但他似乎並不這麼認為，他看著我躊躇不決的樣子，於是又再補上一句：「色達是很好的地方，緣分讓你們兩位來到這裡。」

　　其實於此之前，我並不是真正想去轉經，也並不了解轉經究竟能不能夠累積功德獲得福報。諸如此類的想法，對於一位崇尚理性的哲學系學生而言，實在過於缺乏辯證而不夠拘謹。倘若以嚴格的態度審視信仰，本

身就是一件脫離理性經驗基礎，必須抱持懷疑態度進行質疑的事。但由這位年輕藏族老闆口中，自然流露出關於虔誠信仰堅定不移的信念，頓時反倒讓我感覺自己的懷疑，是如此的殘破不堪、是對信仰的一種褻瀆。

　　而當我嘗試從他的角度去理解看待信仰意義時，由黑格爾式的揚棄摒除過去心中成見，卻依然絲毫感受不出如他身上那般，透露出穩固而純然的信仰情懷。雖然這一切並不影響我帶著小巴去轉經，但所轉的那些經筒、那些佛塔、那些山、那些湖，那些應該有的回報最終又是去往哪裡？這些疑惑，在我帶著小巴離開佛學院，重新回到色達縣城的青旅時，問題再度交還給了藏族老闆。

　　他說：「藏族人一輩子都在轉經，甚至生命初始還沒有誕生以前，就在母親的肚子裡跟著轉。或者，我們幾乎不曾去想過這個問題，但這是

我們的信仰，我們延續它、保存它，也希望它能夠完整地延續下去，一切都是很自然的事情。」他以簡潔明瞭的方式表露信仰，令我想起某次學校的道教哲學課，討論著關於「儀式」的本質問題。

「儀式，是藉由不斷地重複發生進而達到鞏固意義的目的，但同時也是意義本身弱化衰退的過程。」大概意思是，如同我們平時祭祀時拈香參拜的正常舉動，卻從來未曾思考關於祭祀、拈香這種行為本身的意義。由這種從小到大不斷重複的儀式過程，因為逐步形成一種理所當然的習慣以後，便逐漸脫離祭祀本身應當具有的意涵。而在藏族的文化當中，「轉經」這種看似脫離思維範疇的無意識行徑，卻恰恰說明了意義透過實踐而不斷內化的過程。

換言之，藏族人按習慣從小跟隨自己的姥姥轉經、也隨著自己的母

親轉經，在民族集體信仰底下對思想潛移默化的過程中，轉經儼然已成為一件自然而然的事情。當習慣內化為生活的一部分時，信仰的深刻性便刻劃在這樣不斷重複的過程裡。相形之下，一般人帶著「寄託心靈」的心態去接觸認識信仰，與藏民族天生出於生活習慣的行為本身，似乎更帶點「功利」取向的意味了。

　　早先幾年，我曾徒步於滇川西環線，藏地信仰於我內心的震撼便始於那時。當時，世界海拔最高的民用機場「稻城亞丁」尚未開放，交通不便、人煙罕至，讓「亞丁」被譽為中國最後的「香格里拉」。康定——亞丁——麗江這條經典的川西滇北大環線，越往後頭走景色越是壯麗，而信仰的色彩也益發濃厚。在滇藏交接處的德欽縣境內，有座藏傳佛教八大神山之首的「卡瓦格博」，又稱為「梅里雪山」，那是一座至今仍未有人成功攀登上去的雪山之神。於上個世紀末，中、日兩國曾組織聯合登山隊嘗試發起挑戰，在無視當地藏人出於民族信仰文化的勸阻後，仍舊執意進行登山計畫。最終，以十七名登山隊員全數罹難的結果，成為登山史上最重大的慘案之一。

　　在登山與轉山之間，其實隱藏著兩種截然不同的思維方式。「登山，由低海拔至高海拔的爬升，是一種垂直思維型態的展現，當人類挑戰及超越嚴苛的自然環境，流露出的是人定勝天的概念；而藏民們轉山，則是一種平行的思維模式，他們不藉由凌駕自然之上來取得快感，反倒是以敬視彼此、尊重萬物的態度面對一切自然、生命。」藏民們的傳統信仰習俗，支持著他們如此堅定的精神樣貌。從延續及傳承的意義而言，不僅是一個古老民族凝結出的智慧結晶，也是文明發展淬鍊後的靈魂精髓。如今，卡瓦格博這座唯一在信仰與文化因素底下，被明令禁止永遠不許攀登的雪山，或許成為世界僅存不多沒有人跡的地方，卻也因此得以保存祂永久的神聖與美麗。

　　解除內心對信仰的困惑以後，我繼續往滇北前進，在理塘附近的草原上，碰巧參與了一場藏族的賽馬會。每年藏曆六月期間，藏族賽馬節是草原上最為熱鬧的盛典；青稞酒、酸奶、酥油與各式精美的圖騰帳篷，歡

樂氛圍渲染著整塊藏區草原。賽馬會一般以射箭、賽馬與各式精湛的馬術表演作為主要項目，看著草原上奔馳的年輕騎手們，快馬加鞭後一個側身倒掛，再以精準無比的角度射出手中箭矢，有的則以幾乎貼觸地面的距離拾起地上哈達，那一個濃烈而驃悍的民族精神，無疑是草原上完美生活的精緻展現。

　　我對藏地生活的憧憬嚮往，是基於對他們的堅定信仰、豐富的精神生活與飽含樂趣的日常認識以後而逐漸產生，隨著接觸藏文化時間越長，便也默默產生對高原文明的深深眷戀。

在彩雲路上

　　第一次來到雲南，是二〇一二年秋天，那時的麗江早已紅紅火火，而洱海之水，依舊恬淡寧靜。幾年前我以徒搭₄的方式，進入初秋的西南地區，遍地滿是泛著金黃色澤的銀杏樹，纖細的枝幹頂上，懸掛著如飛蛾般的扇形葉片；當微風輕輕地從樹梢的間隙拂掠，拈走了成片漫天的秋黃，即便是映著溫潤陽光的白晝，依然給天空抹上一道恰似黃昏的晚霞。那是我頭一次感受到「秋天」的層林盡染，也頭一次呼吸到腳底下的「彩雲之南」。

　　那年秋日，我以交換學生的身分去到成都。在半年的學期裡，有一半的時間在旅行，有一半的時間在準備旅行。熬過每年必定人滿為患的十一長假，我搭上「K1139」次由成都發往昆明的列車，歷經二十二小時的搖晃以後，終於駛入昆明。在中國，搭火車的旅行方式很難稱得上「有趣」，更多時候，那倒比較像是一種由精神到體能的「磨練」。對於生活的成長而言，旅行確實是種快速增長閱歷的方式，我也多半是藉由旅行的過程去淨空自己，然後再注入新的補充；但學生羞澀的阮囊並不如他可以肆意揮霍的青春，經濟與開銷往往決定著目的的選擇。因此，徒搭、窮遊、乘火車，在中國遼闊的幅員上行進，若是不搭高鐵或

4. 一邊走路一邊搭車之意。

飛機，以火車的速度穿梭於各省會之間，往往由十來個鐘頭到兩、三天都是很正常的事情。

　　中國的火車票價類型，一共分有「軟臥、硬臥、硬座、無座」四種。無座與硬座，是價格上最實惠也最經濟的選擇；硬臥則大約是硬座價格的一倍左右；而軟臥，高於硬座兩倍的價格，自然成為其中的奢侈品。在乘坐長途火車的過程裡，最難熬的不外乎是在隔夜班車上，搭著硬座於火車上「坐著睡覺」這件事。中國人似乎天生骨子裡便有一種刻苦堅毅的精神，讓他們能夠忍受二十四甚至三十六小時的長途硬座火車，那樣的精神，不僅只在每年號稱「人類地表最大遷徙」的春運之中出現，幾乎在每個夜晚發往各地的硬座車廂中都能不斷重複上演。

　　除了此次以摩托車作為旅行工具，我先前於中國大多是依靠鐵路出

行，因此也積累不少關於搭火車的軼事。搭乘長途硬座的旅客，多半是將經濟因素作為優先考慮的學生、農民工、外出打工者和窮遊背包客。而「坐著睡覺」，對於旅行者來說，便好比是一種等級跨越的榮譽。

　　在深藍色九十度垂直立面座椅的車廂裡，隨機分配的座位無關乎個人的身分地位，電腦排序配置只考驗著購票當時的運氣與人品。表面上看似相同的座位，背地裡其實暗藏玄機；通常靠窗的位置是車廂裡的一等座，那意味著在接下來的旅途中，不僅能夠感受窗外舒適的陽光風景，眼前還將比旁人多上一張十四吋的短小壁桌，於夜裡便能充分運用獲得休憩；倘若運氣欠佳，則是鑲嵌在三連式座椅的中央位置，唯一獲得舒適的生存之道，是厚盡臉皮與左右兩旁旅客明爭暗奪屁股底下的每一分寸空間；而鄰近走道的座位，並不如它出入自由般舒適，在原本狹小的密閉車

廂，二十四小時往來的旅客幾乎讓人不得安寧。

　　火車上的深夜，是最難熬的時刻。既沒有白天隨意搭伙玩「鬥地主」[5]的雅致，也沒有四處找人「嘮嗑」[6]的閒情，偶爾傳出的陣陣鼾聲，是一片沉睡死寂中的唯一生息。我曾見過無法忍受長途夜車的艱苦，攀到行李架上睡覺的孩子、也接觸過蜷曲座椅底下打鼾的工人，甚至包括於廁所前席地而睡的老者，這些都是「火車上的中國」的寫實場景。或許，第一次見到眼前景象的確帶來不小衝擊，但經過逐次歷練以後，對於此類「不文明」行徑便也產生更深刻的體會。

　　或許一般人甚難理解，乘坐跨越一天時間的火車是怎樣的體驗，也甚少機會感受過精神與體能幾近崩潰的困窘，而當自己實際切身參與其中以後，對於原先貼上的「野蠻」形象標籤，也逐漸多了一份體諒與包容。我們看待事件的方式，往往容易淪於表象層面而隨意輕下斷言，但對於表象背後的辛酸苦澀，卻鮮少付諸一點實際行動去理解，這似乎是現代人與人之間產生隔閡的原因，也是彼此逐漸拉鋸開來的心的距離。

無論是有意識的、無意識的；自願的、非自願的；符合規範的、不符合規範的，集體社會裡的個人行為表現，仍舊可以反映出民族整體的精神樣貌與文明素養。但其行為本身，也意味著個體作出抉擇判斷之時，背地隱藏源自生活裡的掙扎與艱辛，最終，在行為不符合社會的期待規範時，我們便以一種優越的道德標準去給予評判，讓偏見蒙蔽我們自身的雙眼，將目光由人們的苦痛前瞥略。

　　我在雲南的旅途，刻意回到位在洱海畔的雙廊，試圖尋覓四年前遊覽此地的寧靜。可惜的是，大理的「風花雪月」隨著時間流逝，似乎也逐漸走入凋零。「下關」的清風依然微微吹徐、「上關」的百花仍舊綻放盛開，但「蒼山」上的白雪近年因氣候暖化而慢慢褪去、「洱海」的明月於汙染的水底也映不出鮮亮皎潔。短短幾年時間，大理的轉變已經令人有些難以辨別；而雙廊的面貌，更是從一座平凡無奇的小漁村，成為一塊旅館林立、商業熱絡的觀光景區。

　　幾年前的雙廊，走在路上能夠見到一些零星的魚販，叫賣著新鮮由洱海打撈上岸的漁獲；也可以於街道上，撞見三兩結群愜意漫步的白族耆老。曾以為商業的鏽腐與時光催促，並不會殘忍地給洱海秘境留下侵蝕的痕跡。「以白為尊」的白族文化，仍然保留著如同他們青灰色瓦磚底下，成排白色屋房的純樸。但當我重新走一遍那些曾經踏過的土路，卻早已遍尋不著原先的那份靜謐。

　　如今熙來攘往的街道，不乏鼎沸的人聲與雜亂喧鬧，曾親眼見證過去關於這座小村子樸實而典雅的往事，叫人怎麼也難以接受轉變過後的庸俗。在中國旅行，或者存在這樣一個殘酷真理，「倘若無法先於風潮，你便只能趕上人潮」。而人潮過後帶來的汙染及破壞，更是任何自然環境皆無法乘載的沉重。或許，洱海的開發終有一天會在趨於飽和的發展狀態下停止，但她曾經清澈見底的湖水，卻也難以映出過去夜裡銀白透亮的那一

5. 流行於大陸的一種撲克牌遊戲。
6. 東北方言，泛指輕鬆的閒談交流。

輪明月；而西側蒼山頂上覆蓋的皚皚白雪，是否最後也將因為人們的貪婪吞噬，失去最後純然的美麗？

騎行雲南，大抵圍繞著慵懶而安逸，關於雲南的舒適，有則故事這麼形容：「有一位旅者到雲南旅行，因為下雨，躲在某個老者家中避雨。老者見狀，便慢悠悠地勸他喝茶。他有些焦急地問：『茶要喝到什麼時候呢？』老者說：『雨停了，茶就喝完了。』他又說：『那雨什麼時候停呢？』老者說：『喝好茶，雨就停了。』」

步調緩慢是雲南生活的日常，即便在省會城市昆明，也不覺有大都市的倉促與茫然。悠閒地喝碗午茶，環繞在翠湖公園邊上漫步；或者更往北走，穿過動物園與交叉的一二一大街，坐落在雲南民族大學北側的蓮花池公園，更是個悠閒消磨時光的地方。昆明，是需要靜下心來細細品嚐，才能體會出「春城」雅韻的城市，時光於此流逝，你倒也無須感到惋惜。

八月來雲南看雨，陣陣雷雨，青草更青。雨季昆明為旅人精心安排的洗禮，是場飽滿而泛著油光的午雨，洗刷去空氣裡的雜塵，連呼吸也令人心曠神怡。而昆明以南，便是春城的母親湖「滇池」。我抵達滇池的午後，碰巧下起一場雷陣雨，雨水豐沛地砸落在滇池湖面，我避在湖畔的某棵樹蔭，看著眼前水面激起陣陣漣漪，感覺自己好似很久沒有如此地仔細賞雨；雨水是南方溫潤的憂愁，也是對遙遠島國的鄉愁。

滇池的湖水，是瀰漫著厚重的綠沉，自上世紀工業發展與農田開發以後，遺留下成片的汙染殘跡。藍綠藻於湖中漂浮，吞噬著往復落在水面雨露該有的輕盈。那雨像是無數的天降小兵，毫不猶豫地深入敵營，彷彿想給池水緊實而綿延的綠，衝出一環環方圓的透淨。

我或許並沒有那麼喜歡雨天，尤其在多雨的南方騎行時更為討厭。但突如其來的滂沱大雨，迫使我停下腳步駐足觀賞這場「滇池與雨」的搏鬥。雷雨下了一個鐘頭，我也足足欣賞一個午後；伴隨幾道青紫色光芒的閃電下落，雨水似乎將要發起最後一道猛烈攻擊，在某些瞬間，雨滴幾乎將要衝破湖面的綠藻防線，但滇池裡不斷湧現的援軍，卻使得每次強勁雨勢仍舊無力疲乏地覆沒在無垠的綠藻裡。

沉積的汙染物，不僅使滇池蒙上一層陰影，連周遭空氣裡的腐朽，也在幾尺內的湖濱範圍蔓延。那氣味好似武裝的鎧甲，著實令生人不敢接近，此時於我心底，多麼希望這場大雨不停，持續朝向眼前湖中的綠藻挺進。一陣風雨晦暝，隨著西南方空中飄來的最後一道雨雲，我猜那大概便是戰鬥結束前的最後一擊。雨雲後方，是逐漸露臉的陽光，陽光蒸散著泥地裡的水露，也給大地帶來勃勃朝氣，落在滇池的雨水並未被陽光拾起，它們以重複循環過程滋潤著滇池的生命。

　　直至今日，滇池治汙已超過二十載，依然換不回曾經的一池清水。它是一面滿布髒汙的鏡子，時刻照耀著經濟發展也反映生態破壞。池水承載著太多不該有的沉重，環境背負著人類該有的罪名。滇池，它的黯淡成就了城市文明，卻成為一顆永遠回不去的高原明珠。

chapter. ⑥

海南島・華東

國境之南

　　我離開雲南之時，後視鏡裡的朦朧景色夾雜著綿綿陰雨，猶如初見。雨水打溼雙眼，令人渾然不知何時跨越了雲桂省界。直至公路兩旁幾座陡峭峻險的石林依稀映入眼簾，那時才自然地流露一句：「啊！廣西。」

　　廣西鄉村與臺灣農野頗為相似，而穿梭於山林之間某種特殊氣味，更是深深喚起於我腦海裡的柔軟記憶。我習慣用味道去記憶一個人、一個地方、甚至一座城市。在前輪尚未踏入廣西之前，迎面撲鼻而來的是雨水

滋潤過層層樹蔭，樹梢糅和青青翠綠再滲進土壤，經由南方日照後蒸發而散的田園氣息。那裡頭參雜著水稻田中勞作人民的汗水、水牛身後扎實深刻的腳印、與一行撲棱展翅的野鷺。

倘若仔細一嗅，那與童年記憶中「宜蘭」老家故土的氣息更是相近。類似的植林地貌，環繞於相似的溼度空間，微風裡介於百分之七十至八十的冷冽，勾勒出心底綿密熟悉的想念。如果說如此漫長的旅行，是否有幾些瞬間耳邊迴蕩島嶼母親的呼喚，那毫不猶豫於此時此刻，叫人憶起遠在他方的那山、那人、那海。

我抵達廣西已接近八月中旬，時間緊迫令人不由得加快腳步奔往國境之南，我由廣西的北海渡口上船，搭乘十二小時的跨海渡輪直奔海南島。上船前，售票大廳的售票員看我手中拎著的小巴，一臉狐疑地對我說道：「按照規定，家畜是不允許搭船的。所以你的雞恐怕不能過海，明白嗎？」這突如其來的規定宛如青天霹靂，倘若小巴不能過海，那我又該如何去往海南島。

「是嗎？牠不會過去的，待會兒有人來接牠走。」我心想暫且先打發過去，稍待再嘗試是否有其他可行辦法。

我步出售票大廳，面容錯愕地蹲在廊前的人行道上。此時，心裡想著，極東撫遠、極北漠河、極西伊爾克什坦都走遍了，就差最後的極南三亞一站，無論如何也必須過去；但是，過去海南島至少得待上六、七天，既不可能將小巴獨自扔在廣西，卻又無法與牠一同前行，陷入兩難的局面令我心中一涼，頭皮發麻。我踟躕於大堂門前，徘徊踱步思索對策，大約十分鐘後，我再度推開前門進入大堂。原先購票時的站務人員見了我，便又上前帶著輕蔑口吻重複一遍：「規定家畜是不許上船的。」

「嗯，規定我是明白，但牠不能算是家畜。」我手指小巴說著。他似乎感覺我在胡鬧，卻又對眼前的雞產生一點興趣。我希望取得他同意放行，於是以更加堅定的口吻再說一遍：「牠叫巴特爾・賽里木，是我環華旅行的夥伴，一路走來就差海南島了。」

「這倒挺有意思。但不管牠是夥伴或有什麼理由，就算讓你通過這

裡的安檢，登船前還是會被攔檢下來。」雖然他篤定說道，但這似乎是個好消息，按目前情況或許也只能通過一關便是一關。

「那請你通融一下讓我過去吧，登船前我會想盡辦法去說服船檢人員。」我的心底雖說完全沒有把握，卻又不甘心海南如同西藏那般於整趟環華旅行中遺落。而他的心腸總歸良善，待我幾次央求之後，雖然面容帶有一絲不情願，卻仍舊好心地讓我通過安檢。

登船以前，我將小巴藏於側掛邊包裡，生怕裡頭的牠會因為不安燥熱而發出嘀咕聲響。因此，關上拉鍊前我特地叮囑：「小巴，幫個忙，稍微忍著點。待會兒上船時你可千萬別出聲，否則我倆都會失去前往海南的機會。」畢竟，一個多月發展出的革命情感，牠似乎多少懂得海南之於我們的意義，聽話以後便一溜煙地鑽進車廂底。

登船時，船工按照規定進行著簡單安檢，不過他的目光始終停留在後方一堆行囊與雅瑪哈摩托車；我向他稍微提起先前的旅行經歷，希望藉此能夠轉移他的注意力。最終，在我吃力向船艙推進滿放行李導致後輪有些扁壓的摩托車，與兩側懸掛塞滿物品的黑色廂包與包裡的小巴，我們的背影一同在他投送的目光底下，緩緩消失於輪船的二層甲板。

隔日，瓊州海峽透出的一點陽光，映出遠方山巒漆黑的輪廓。島上椰林在南洋的微風中搖曳，那是一個格外爽朗的清晨。由廣西發往海南的船班，歷經十二個小時的搖晃顛簸以後，停泊於海南秀英港碼頭。天色微亮，前腳尚未踏出船艙，空氣裡迎面而來的燥膩溼潤，鮮明地標幟著南國印記。海風悶熱地於港邊低徊，是來自島嶼相同的親切熟悉。我因能夠順利抵達海南內心雀躍不已，隨著一句：「早安，小巴！早安，海南！」滿心期待迎往四極之地的最後一站三亞。

出了碼頭便是海口市區，而海口的交通政策，並不如它的氣溫一樣熱情。從出發以來過路的「呼和浩特、銀川、西寧、蘭州、烏魯木齊、昆明、南寧……」這些眾多地方，與海口同樣是「禁行摩托車」的城市。在這些禁摩城市裡，摩托車等同一項違法的交通工具，而繁雜不一的交通法規，往往就連當地人也都混淆不清。

　　「全城禁摩、外環以內禁摩、四環以內限摩、二環內外埠車牌禁入……」即便是專業的交通執法人員，也弄不清自己管轄範圍以外的地方規定。嚴格執行管理的城市，甚至將禁令下放至基層加油站，直接拒絕向摩托車提供加油服務。先前在新疆烏魯木齊，就曾因為拒絕加油，硬是推著沒油的摩托車走了兩公里路，才在郊區找到可以加油的站點。而海口亦然，甫一下船便被告知市區裡禁摩，無法向摩托車輛提供油品；我看著顯示低油量的電子儀表，脾氣早已被這古怪的政策磨得圓滑，當下只想趕緊奔往郊外尋找其他加油站，以免耽誤後面的幾天行程。

　　這些擾人的規定，雖然給旅行帶來諸多不便，卻也有它的特殊好處。例如，整趟騎行替我省下不少的過路開銷，在《中華人民共和國道路交通安全法》中，摩托車是依法允許行駛於高速公路的工具之一。在北

京、天津等城市，領卡、行駛、繳費，是一項完全合乎法律規範的交通行為。但在其餘的二十多個省分，摩托車行駛高速公路，多半卻成了違法行為。因此，在這些混亂不一的規定與曖昧不清的法律條文下，使得合法的「違法」行徑獲得很大的自由發揮空間。其中，由經驗歸納整理出的「闖」帶「跑」，是於中國摩托車旅行裡最重要的兩項原則。

　　我曾在旅行之初，嚴格遵循有關的法律規範，正當行使摩托車合法行駛高速公路的路權，但這樣行為的最終結果，往往於收費站前便被攔阻斥責。即便也曾嘗試搬出相應的法令規章，甚至與站務人員就法源依據，爭辯著國家上位法應當優於地方下位法原則，而試圖從法理說服對方依法放行，仍舊經常碰得一鼻子灰。最後不由得認識到，在中國往往遵守法律反倒容易吃虧，唯有透過強闖硬碰才是唯一的辦法。

　　於高速公路上，無論ETC車道、快速通道、一般車道，只要速度夠快、闖得夠精準，便也絕對一路暢行無阻。而這樣「合法」地「違法」行徑，反而在最後的路費支出上，節省一筆可觀的費用。若從禁摩的政策說起，中國無論所有的一線城市，哪怕是些較大的二線城市，幾乎都含括在禁摩城市的清單當中。輕則罰款、重則扣車，在這些城市裡，摩托車就像帶著原罪的工具，永遠洗刷不掉身上的汙名。但這樣的詭譎政策，執行起來又非絕對徹底，只要且戰且走、處處提防小心，隨時聞風而跑，想要在城市自由奔走也不無可能。

　　而海口，大概是所走過的城市中，「逃跑」難度最高的一個。海口本身是座國際旅遊城市，市容樣貌必須自然得體，法令執行便也相對嚴格。在每個交叉路口，幾乎都能撞見交警執勤的身影。有趣的是，船班所抵達的秀英瑪頭，出口便屬海口市區，相當於摩托車一下船行駛就是違法行為；我帶著這樣富含喜劇形式的黑色幽默，上路去尋找加油站，餵飽登船前出於安全考量幾乎被抽乾的油箱。

　　位在濱海大道上的中國石化，是第一間碰見的加油站，意料之中也是拒絕提供服務的地方。往後沿路的中國石油、崑崙石油，即便願意支付那每公升比內地高出十塊錢的進口價格，也找不到一間願意提供油品的站

點。沒有汽油的摩托車，就像一隻沒有翅膀的鳥，我開始擔心如何逃過獵人可能的追捕。

　　趁著早晨出行尖峰前的空檔，駛著那輛不知能夠支撐多久的摩托車，沿著濱江路橫跨瓊州大橋，來到二十公里外的東端尋覓加油站。在瓊山大道往南的不遠處，前方似乎有座狹小的加油站，招牌字體已陳舊斑剝，而過去的經驗告訴我，當你望向加油站工作人員時，而他不用鄙夷的眼光回應，十之八九就是可以加油的地方。

　　「九三汽油，加滿，加到最滿！」彷彿隨著灌滿汽油的油箱，內心不滿才得以找到一處宣洩出口。裝上翅膀的鳥兒，便再也不畏懼獵人的槍桿，於他們眼前撲棱展翅，那更是一種冒險的諷刺。相對而言，我喜於與基層法警互動的過程，他們多半是由情理法，可以理解旅人的需求與法律

意義；但也詬病上層領導決策者們，不察民情底下的一竿子政策，舉凡從「禁摩」、「拆遷」再到城市的整體規劃，往往暴露出許多當今中國發展中的「齊頭式」問題。

在年初廣州市出臺的禁摩法令，便是堪稱史上最嚴格的禁摩政策。從頭到尾的禁售、禁油、禁行、禁停、禁營運的「五禁」政策，於上路以前就遇到許多具體性問題。例如物流公司使用的貨運車輛、身心障礙人士的代步車輛，與大眾運輸工具普及不足等等，都在一竿子式政策之下給民生造成不小衝擊。而這種快速、方便、有效的極端方式，卻是很多地方政府優先選擇的手段。最後，不僅造成基層人員的執法困難、造成社會階級的矛盾對立，也產生法律相互衝突牴觸等問題。而此類政策的荒誕性，不僅揭示出中國社會的家父長式權力結構，也代表著缺乏客觀認知的「拍腦門」[7]決策過程。

雖然，也曾親眼見證一棟大樓於三個月內，迅速完成就地拆遷重建的極高效率。但專斷的決策過程，往往伴隨著底層人民的權力犧牲。從一九七八年改革開放以來，中國的經濟發展水平已是有目共睹，但涉及市井小民的生活問題，舉凡食、住、行三大範疇，仍然顯得資訊不透明與權力不對等。於一個政治實體範圍以內，企圖博取所有對象的認同，那是偏激的民粹主義；而罔顧人民群眾執意孤行，亦是極端的權力專制行徑。兩者之間，似乎貼切地勾勒出，目前兩岸社會發展情況的對比縮影。

在嚴格打擊摩托車違法上路的海口與三亞，每個拐彎、每個紅燈都令人膽戰心驚，好似一個偷了東西的小賊行於大街，隨時要提防四面而來的警察逮捕。我在海南七天的時間，除了市區騎行的風險以外，於三亞尋找國境之南的過程也並不順利。月牙灣、白虎角、鶯歌鼻，這些可能的標的被層層疊牆環環隔絕。在縱橫交錯的山間小路，盡頭不是一堵寫著「軍事禁區」的高牆，就是「某某高級度假區」的森嚴門禁。海南作為成熟度假天堂背後，是一塊塊被財團圈養的沙灘與海洋。極南之境，或許就在某

7. 指沒有經過深思熟慮、深入研究，只憑一時衝動就作出決策。

座進不去的度假村裡，而窮遊四方的騎行者，自身存在於此便顯得有些不合時宜。

　　我最後以三亞的「天涯海角」作為極南終點，南海湛藍的水色依然直觸遠方天際，滾滾浪花於空中翻騰化作朵朵白雲。此次環華旅行尋覓四極之境的目標，於南國的熱浪印象裡，完成！

可疑人士

環完海南島，沿著東海岸一路北行，環遊中國的最後路線。於南方騎行，重新回到時而豔陽高照、偶爾傾盆大雨的天氣；路上幾次巧遇颱風過境，替旅途增添了不少苦趣。在我離開海南之時，幸運趕上颱風來臨前最後一艘由海口發往廣州徐聞的船班，倘若錯過不知又得在海南多待上幾天。聽說我前腳剛走，隔日的海口市區就漫成一片汪洋，當地人風趣地說：「我們海南人從小便打船上學，學校科目考試考划船與操舵，什麼樣的大風大浪沒見過；內地熱門的手機叫車APP『滴滴打車』，

來到我們海南必須體現地方特殊性，因此成了『滴滴打船』。」這樣的地域笑話與娛樂精神，不僅驗證古語裡的「南船北馬」，同時也顯示中國偌大的地域差異。

我在廣州落腳，躲過海南初秋東南海面的第八號颱風「電母」，卻也沒來得及閃過它的外圍環流襲擊。整座雷州半島，接連幾天大雨經常是直灌而下，吻遍雨衣底下的每寸肌膚。就連層層覆蓋防水雨罩的行李，打溼起來也乾脆俐落毫不費勁。於風雨騎行，長時間下來總令人深覺厭惡，除了必須謹防行李中的衣物被雨水浸溼，還得時時注意側邊布織車廂裡的小巴體溫；即便已經套上雙層的防水外罩，但雨水仍舊由底部慢慢滲入，雖然自覺十分小心謹慎，但幾次打開檢視，小巴卻早已渾身溼透地窩在角落顫抖。

一路從新疆走來，我的養雞知識基本透過網路獲取，也曾受教於雜糧店主及鄉村農戶；大多認為，雞的特性容易散養，唯獨應當避免身體潮溼受寒。雖然早已習慣當牠腳底受寒而排出水便的惡臭氣味，但我更掛心羽翼浸溼造成的感冒失溫，因此，最終決定將牠由車箱取出，揣入懷裡，帶牠走過多雨的南方。

為期百天的旅行中，我的運氣始終不錯，幾乎未曾與人產生衝突；唯獨一次碰上地痞流氓，便是在廣州湛江。那是我離開海南剛進廣東當晚，因颱風引起的強勁雨勢稍顯停歇，我想著在外露營節省一點城裡略貴的住宿開銷，而騎著摩托車於湛江街頭尋覓營地。隨著摩托車繞進位在城區郊外的某座村莊，以為鄉下農民性格應當較為純樸熱情。即便同屬樸實的農村小鎮，經濟條件較好的東部沿岸，多半也是帶有騎樓的獨棟嶺南建築。

我停佇在一幢貼有紅色瓦磚、菱格紋外牆的樓房面前，眼底是塊敞在一棵帶有蓬密綠頂、茂盛氣鬚榕樹底的空地。天上烏黑密雲逐漸褪去，零星光點伴隨迷濛月色灑下眼前斑駁的水泥地面，微弱輕盈落在營地範圍自然點綴。而我內心正竊喜眼前這片如此的舒適環境，便也毫不猶豫地將行李卸下準備紮營；然而，意外的出現總令人無所防備，正當我把行李完

全卸落以後，身旁卻突然冒出一個陌生人影。

　　他的影子於路燈底下緩緩映出臉龐輪廓，一名年約四、五十歲中年平頭男子，帶著粵語口音的普通話質問：「你是誰？在這裡做什麼？」起先我面對他的魯莽態度並沒有搭理，並且，淋了整天雨後根本無心與人交談、更不願意別人打擾休息。但是，出於禮貌仍舊簡單地敷衍回應兩句：「我騎摩托車來旅行，想在前方的這塊空地上紮營，節省旅費。」城裡的住宿費用實在太貴，否則我更願意躺在舒適的床上，而不是窩在潮溼的帳篷裡。

　　那人聽了我的回答，面露兇色、口氣嚴厲地要我立刻離開，說是不許在他家的門口露營。我被那意料之外的反應嚇了一跳，有些納悶卻好言相待地與他說道：「這塊空地怎麼看都與您沒有關係，怎樣都算一塊公共區域；況且，與您家還有大段距離，我不過於此待上一宿天明就走，既不礙著您、您也不用犯著我吧？」語畢之後，他的態度似乎更加強硬，堅持立刻要我馬上離開。

　　我心想，究竟是自己脫離文明社會太久，找塊空地紮營的要求過分；還是對方蠻橫無理，連一點起碼的尊重也不願給予。此時，頭頂的烏雲已完全散去，柔軟月光籠罩枝芽鬱綠的老榕樹蓬，綠蓬泛出猶如寶石般潔白無瑕的色澤；夜裡空氣糅和了雨後的清新，遠方水塘也傳來此起彼落的蛙鳴。那是一塊多麼美好的營地啊，我實在不甘放棄千尋付出的努力。

　　但他仍舊一動不動地站在原處凝視，彷彿一頭兇劣惡犬杵在門前守衛他的家園；我無法理解那是怎樣的霸道心理，但出門在外又不想惹生事端。我開始收拾行李，準備跨越馬路去往對面的草叢堆裡過夜，那裡沒有蠻橫蟠踞的地頭蛇，至少待起來也舒適安心。

　　而我推著摩托車，過到單行車道的馬路那岸，他心中怒火卻似乎沒有隨著彼此拉開的距離消散，反倒更像隻驕傲跋扈自恃甚高的惡犬，早在方圓百里範圍內用尿液劃出自己的領地。於是，他又朝往我的方向吼了一聲：「讓你去別處，沒聽懂嗎？」那聲音好似一把鋒銳的利刃，於寂靜黑暗的夜裡猛然刺了過來。徘徊附近的野狗，更像聽見牠們首領的嚎叫，一

陣騷動以後便開始跟著狂吠。

　　我仍舊打算面對野蠻維持隱忍，一面不希望在外與人產生衝突，一面是期待他自討沒趣而悻然離開。但事實並不如心中所願，他緊接著開始掏出手機撥打電話，電話兩端傳來一陣激烈交談，以聽不懂的地區方言似乎正在討論什麼。我猜測，自己成了一位不受歡迎的路人，或許到了該是離開的時刻。此時，內心卻也燃起熊熊怒火，奮力往下生根、牢牢扎進腳底土壤，阻止我憤然離去。

　　約莫十分鐘的僵持，遠方街角搖晃步出一團人影，徑直往我們的方向而來。「一⋯⋯二⋯⋯三⋯⋯四⋯⋯」當我由突變局勢回過神時，人群已將我團團圍困。其中兩、三人手持鐵桿棍棒，上前便開始莫名叫囂，他們的普通話參雜著地方粵語，雖然甚難理解但肯定是粗言穢語。此時心底

怒火早已無法壓抑，也出於安全考量順手伸進兜裡，掏出一把由新疆購買、一路攜帶防身的英吉沙短刀；短刀利刃在月色照映下，露出它鋒利無瑕的光澤。我的心跳與緊握刀柄不斷冒汗的雙手，隨著僵持氣氛彼此也開始緊張起來；隨後，身旁的人群中，步出一位年紀與我相仿，看似相對通情明理之人。他態度和緩地出面協調，一面居中希望緩和雙方的緊張情緒、一面試圖調解彼此可能產生的矛盾衝突。隨著僵持時間拉長，附近四周的圍觀群眾也越聚越多，在進一步確認不會產生威脅安全的衝突以後，我打算繼續收拾行李離開此地。

　　我將物品重新繫回行李架上，而遠方路口紅藍相間閃爍的刺眼光芒與鳴笛，再次於人群中造成一陣騷動。那是一輛寫著「公安」二字的警車，後方跟隨另台警備車輛；兩名警察先由前面的警車下來，後頭的警備

車上依序步出三名手持警棍及圓形警盾的員警。他們的表情顯得有些緊張，而我見了他們全副武裝的模樣，卻也不曉得應該感到擔心還是放心。

當五位警察看見獨自一人的「可疑人士」以後，緊繃的情緒才緩緩鬆懈下來。隨後，一名員警上前盤查我的身分，他要求出示證件，我便將行駛證、駕駛證、身分證、臺胞證一一給遞交出去。他手裡拿著各種證件仔細端詳，一面詢問著我關於事發經過與此行目的。

「旅行，今天剛從海南過來，途經這裡，想在旁邊的空地上露營過夜，怎知竟與他們發生衝突。」我感覺實在無辜，不過是單純露營休息的想法，竟然演變為目前荒腔走板的窘境。但是想想也覺得可笑，一路餐風露宿隨意休憩從未遇阻，怎麼來到大城市中，露營就好像是占了別人便宜？

那名員警先是示意要我們將手裡的短刀與棍棒收起，接著將我所有證件一併遞回，然後走過身旁，在我耳邊輕輕說道：「我們這裡民風剽悍，你一個外地人還是注意安全，別惹是生非。趕緊將行李打包收拾，去城區裡找個正規的旅店住宿吧。」我原是如此打算，被這麼折騰一下又怎能在外頭安心睡覺。雖然心底仍然因為碰上地痞流氓而有所不滿，但想想能夠平安完成旅行更為重要；最後，我兜了一圈，依然回到城裡費用高昂的旅店，感覺即便旅途遇見再困難的挑戰，終究還是比不上複雜的人心。

最後返程

　　經歷衝突以後，旅行的意義似乎也獲得真正圓滿。森林翻車、沙漠斷水、高原凍寒、人事紛爭，隨著諸如此類從未設想的意外接踵而至，心裡反倒有種如釋重負的淋漓暢快；倘若整趟旅程平安順遂全然無恙，如此淡乎其味的體驗更是無以復加的遺憾。

　　我對東南沿海的景致期待並不如其他地區，平心而論，過於相近的文化風貌與生活形式，大抵預想也難以摩擦出驚人火花，但去往廣州之前途經的開平市，卻洗刷了腦海裡預設的刻板印象。

位在廣東省境內西南方有座近現代建築群「開平碉樓」。開平碉樓是最年輕的世界文化遺產項目之一，也是首個以華僑文化為主體的世界遺產。最初始建於明清時期，大規模興起則在上世紀二、三〇年代。

　　舊時，以海外僑胞籌資回鄉興建的開平碉樓，主要具備防澇與禦匪的兩項功能。早期開平，位處於新會、台山、恩平、新興四縣的交界之地，自古便以「四不管」地帶而著稱；另外，境內土匪猖獗、械鬥頻繁，加上多條河流匯集此地，所以每當颱風暴雨之際，必定澇害頻發。清朝末年，正值西方帝國主義入侵中國，在英、法列強的脅迫之下，清政府簽訂不平等的《北京條約》；內容明載「容許外國商人招聘漢人出洋工作，充當廉價苦力」。於是，沿海地區的西方強權，便於此地進行大規模的華工招募，漂洋過海從事金礦開採與鐵路建築等勞力密集工作。

當時，於老一輩廣東人口中的「金山」（The Golden State），便是對美國加利福尼亞州（California）的稱呼。而這些福建、廣東地區的人民，以「契約勞工」的身分前往殖民母國工作，不僅飽受殘酷的壓迫與剝削，也受到不對等的勞動待遇。於此，國內對於這部分外出募工的群體，也開始有「賣豬仔」[8]的稱呼。

民國時期，開平開始出現規模性勞動力輸出的情形，而早先離鄉背井的出海打工者，部分客死異鄉或者留在當地落地生根，有些則取得較好的發展，不斷由海外匯款回國建設鄉里，或是帶著積攢的儲蓄，衣錦返鄉。在當時的中國，正處於內憂外患之際，國政不僅一方面是改朝換代之時，一方面又要抵禦外寇的侵擾。於這樣的背景條件下，整個中國處在一個兵荒馬亂、動盪不安的社會氛圍裡。而開平地區，少數由國外滿載歸國的華僑，隨著僑匯不斷進入當地，普遍生活水平則是相對富足，因此，便成為當地盜匪所覬覦的對象。在這樣的背景之下，結合亂時防禦、平時民居的碉樓式建築，逐漸發展成為當地獨具的建築特色。

從地方風格而言，開平碉樓的發展通常以「村」為基本單位，由幾十甚至幾百戶人家共同組織而成；現在所謂的開平碉樓群，其中便包含了「自立村碉樓群」、「錦江里碉樓群」與「赤坎鎮」……等等。這些建築群也不乏地方望門氏族所建立的碉樓古堡，如「方氏燈樓」、「司徒氏」……此類。由於華僑背景關係，因此在碉樓建築的呈現上，不但糅合中西的建築特色，結構亦有柱廊式、平臺式，包含古希臘、古羅馬混合式或城堡式建築。而每棟碉樓雖然外觀上不盡相同，但頂層的眺望臺與樓房牆體對外掩闔式槍眼，幾乎是不可或缺的基本構造。時至今日，穿梭其中仍舊可以充分感受出，過去時局動盪時的擾攘與紛亂。

然而，碉樓的另外一項隱性作用，則是在當地僑鄉社會彼此間發揮攀比華麗的功能。由於匯入的巨額僑匯除了贍養家眷以外，絕大部分便是

---

8. 清末時期的廣東方言，主要有兩層含意：第一是指當時華人的契約工，以簽訂契約賣身的方式充當苦力；第二是賒單工，由外國招工者先行墊付船資，欠帳者在國外須受到雇主控制，直至還清債務及利息。上世紀許多廣東口岸設有「豬仔館」，華工出國前集中於館內，實施集體控制。

用來修築房屋，因此，平時生活裡的鋪張排場與建築上的華美絢麗，也體現出開平僑鄉民眾的務虛心態及社會風氣。而源源不斷的外國僑匯，逐漸使得當地人民荒廢勞務，養成一股奢靡之氣。在那裡，便有許多反映僑鄉子弟不事生產的民謠，例如「牛耕田、馬食穀，老豆（父親）賺錢仔享福」、「銀仔白，金仔黃，唔（不）好阿哥花精光，賣田拆屋唔夠使，爺娘痛哭嫂投塘」；此外，還有「死仔狂，有書唔讀隨街蕩，終須當去賭博巷，輸盡家產還被綁」⋯⋯等等。這些流傳當地的民謠充分體現出，僑鄉後代寬裕的生活品質及產生的富淫現象，也造成許多僑民被土匪搶劫綁票的案例。

告別廣東，我希望趕在八月底前結束旅行回到北京，不到兩週的時間讓後段路程顯得倉促；在趕往浙江的高速路上，摩托車也因此被拖吊罰

款。我由廈門一路走了七百公里進入浙江，兩週以後便是於杭州舉行的第十一屆G20峰會，因此，法規執行自然變得分外嚴格。

　　大約晚間九點，我因誤闖浙江高速被公路交警攔檢下來，他們似乎經常處理誤入閘道的摩托車，所以當下聯繫公路拖車以後，便將我連同摩托車一併拖往閘口。幾公里的行駛距離，我們抵達交流道口，三百五十元人民幣的拖運費用，讓我對當初行走高速的決定懊悔不已；但他們的態度也絕非鐵板一塊，經過幾次商討還價，最後決定以一百五十元罰款成交。雖然對我而言，一百五十塊將近是一天的旅行費用，但短暫幾公里的「乘客」待遇，全當是種苦中作樂的享受。

　　我抵達杭州之時，則再次體會中國政治驚人的執行力，整座城市印象如同傳聞那般，是中國最適宜居住的城市之一。環境整齊、街道劃一，

馬路暢行無阻，沒有大城市裡的淤塞壅堵。而最令人驚豔的，莫過於頭頂上的「西湖藍」了。一位杭州的朋友說，其實真正的杭州並不如現在所見，平時的杭州與北京基本沒有什麼區別。因為人口眾多道路擁擠，加上三面環山的地形因素，所以，城市裡頭的空氣汙染物質排不出去，經常性的霾害也就是司空見慣的景色。

　　我在北京生活期間，曾親身體驗過APEC會議召開時的「APEC藍」，那是基於重大國際會議舉行之際，半個月前展開的空氣汙染整治工作。具體從周邊的工廠及汙染企業停工、道路限行機制、生活中的渣土運輸到室內裝修，舉凡直接或間接造成空氣汙染的元兇，在此期間嚴格進行監督管理。而這些經濟損失所換來的，是一面短暫告別北京霧霾，迎來難得藍天的景象。

在現今中國的各大城市，其中霾害問題究竟有多嚴重普遍，或許從網路上廣為流傳的幾個段子便能略知一二。「霧霾，我只吸北京的，相比冀霾的厚重，魯霾的激烈，蒙霾的陰冷，我更喜歡京霾的醇厚、真實，和獨一無二的鄉土氣息……」或者，被網路上評選為年度諷刺性散文《霾是故鄉濃》中的描述：「霾，是邯鄲名片，是一道讓人刻骨銘心的風景……北京的霾我是領略過的，架式很大但溫溫吞吞，來勢兇猛卻回味不永，少了邯鄲老霾的迴腸盪氣和沉穩老辣……上海也是有霾的，太淡，太拘謹，太細膩，正如他們的小資情調，遠不如邯鄲的霾更醇厚，更上鼻，吸一口是一口，痛快酣暢，大有慷慨悲歌的豪氣……」

面對近年來這些調侃霧霾的段子，已經從單純的文字吐槽，發展出一系列的影片、歌曲、散文，甚至是詩歌形式。其中，這種幽默自嘲的娛樂方式，表現出不僅是一種自身無法改變的疑惑與困窘，也是面臨公共問

題與嚴重環境汙染發出的警惕。除了戲謔式的語言作用以外，基於現實的焦慮感，甚至引導出精神層面的痛苦與逃避途徑。

初到杭州，所見的美好景象令人難以與霾都聯想，如此一座具有幸福感的城市，亦深受霾害的牽連所苦。放眼望去，西湖邊上的恬靜安詳、萬物吸吮、濃濃綠意，天上虛無縹緲的白雲給藍天更增添一份意境。若不是幸運趕上G20峰會塑造出最美的杭州西湖藍，或許待上一段時日，也不再能體悟白居易筆下描繪的「未能拋得杭州去，一半勾留是此湖」之景。

最後的行程，我走得著急，從南方一路回到北京，不過用了十來天的時間。這倒不是貪圖最短時間內摩托車環遊中國的紀錄，而是想利用僅有的時間裡，去實踐自己關於夢想的可能。或許在出發以前，我的心底也曾有那麼一刻，與多數人腦海中的想法一樣，認為這是個美好卻又不切實際的計畫；甚至，可能只是一場漫無目的、浪費時間的旅遊。而直到最後，藉著過程中與生活不同地區人的交流溝通、彼此文化間的理解碰撞，鉅細靡遺體察生活周遭發生的所有故事以後，讓思考逐漸形成一種習慣，讓偏見慢慢變成一種謬誤，旅行的意義便不僅再是單純的遊覽參觀，而是一場具有深刻啟發的自我探索。

chapter. ⑦

後記

我的選擇

　　在八月份的最後一天，我回到了北京。回到三個多月以前，出發的北京大學西門底，絡繹不絕的遊客，依然由校門延續進整座校園。門前兩旁杵立的一對石獅，在百年之間以它們那雙炯炯有神的目光，迎來無數的理想，也送走多少夢想。

　　出發以前，曾有人如此問我，這趟旅行的意義是什麼？又能給生活帶來什麼樣的轉變？當時，我的心底似乎並沒有答案，沉默的回應是無法假定任何先驗基礎存在的意義及可能；僅能說，關於夢想的追求，我有著

不去計算回報的執著。或者，我的內心是羞於承認自己面對生活的態度，在沒有經歷年輕時期的不安與躁動、沒有經歷現實生活中的惶恐與困窘，那樣的青春歲月，更似成長過程裡被閹割的遺憾，我不想抱持這樣的遺憾生活，也不願看見身旁的人以這種方式過活。

　　一百天的旅行裡，我在中國最東端的黑龍江撫遠縣，一個冬天僅有零下三、四十度沒有遊客的地方，遇見來此旅行最後選擇留下的人，他經營著城裡唯一的青年旅舍，那是一種情懷；我在中國最北端的漠河，遇見一位徒步十年時間，靠著雙腳丈量中國的苦行行者，打算持續一輩子以徒步的方式生活，那是一種情懷；我在西邊喀什噶爾的老城區裡，遇見一對六、七十歲的外國夫婦，從瑞典一路騎自行車橫跨歐亞大陸來到中國旅行，那是一種情懷；我在雲南大理雙廊，遇見洱海旁最早一批的民宿經營

者，即便如今汙染日益嚴重，環境不再友善，仍舊有著自己的執著與堅持，那也是一種情懷。

在中國，不可否認那些相信情懷，或者試圖擁抱理想的人，彼此總能在某條路上相遇。是二十歲出頭、騎著摩托車帶著整套婚紗，獨自出發旅行的女孩兒；是騎著自行車，後頭拉著一輛娃娃車，上面載著女娃的父親；是推著一部輪椅，從東北走到新疆，獨自穿越塔克拉瑪干沙漠的身障者；是牽著兩匹老馬，一路漫步到喀什噶爾的西班牙神父。還有太多太多的人，就在此時此刻，正在路上寫著屬於他們自己的故事。

或許，我同許多的人一樣，出發前也曾對這趟旅行存在各種幻想，期待著它將替未來迎上各種美好憧憬；甚至，內心抱持一種，就此走上一條不凡的路、展開一場不同人生的可能。然而，走到最後才漸漸明白，無論是如何刻骨銘心的旅程，最終不過是平時生活中偶發性的短暫偏離。偏離以後，還是會回到原先熟悉的環境、做著熟悉的工作、見著熟悉的朋友、過著熟悉的生活。但旅行究竟會不會帶來什麼？或者能不能帶來什麼？我認為，它提供的是一種關於自己如何看待世界的選擇。

在蒙古草原上，牧民們並不擔心飛漲的物價，只掛心能否獲得溫飽的羊群馬兒。在青藏高原，藏民們不用擔心霾害汙染的空氣，只關心能否態度虔誠的觸及信仰真理。在新疆西域，維吾爾人們不用擔心堵塞的交通，只關心能否將生活過得淋漓盡致。從短暫碰撞以後的別離，使我體會出蕭紅於《生死場》裡所說的描述：「在鄉村，人和動物一起忙著生，忙著死……」無論是在鄉村、在城市；在大地、在海洋；是人們、還是動物，全都赤手空拳來到世上，最後再一無所有的返樸離開。由生到死的過程，忙碌的常態造成我們選擇的狹隘，甚至，忽略選擇身後所指向的，或

許是千千萬萬種存在的可能。我們無意識重複「忙著生，忙著死……」的
過程，也從未思考關於生死究竟的意義，就好似我們從未來過、從未停
留、也從未活著。

的確有那麼一群幸運之人，經歷一段放逐以後，最終抓住了自己的
理想契機，過著自己所希冀的生活；那些曾經於真理面前的徬徨徘徊，甚
至是質疑與憤怒，最終成為他們之所以能夠獲得幸運的原因。因為對生活
的真切審視，對過程鉅細靡遺的體察，讓追求的目標即便殘破不堪，心中
也能呈現優雅的坦然。或許，真正令人值得欣慰的是，在某個具體感受自
己有能力作出「選擇」的瞬間，並且能夠為之付諸實踐的當下，人的靈魂
才能真正獲得充分的自由解放。

回到生活，命運巧妙的安排也曾讓我深陷於疾病的困惑當中，過去
意志消極地認為，命定的軌跡在人生的每個階段裡，不過是讓自己按照一
部寫好的劇本行進。人的主觀能動性，實際根本消弭不了精神的內在矛盾
性質，甚至，於未來抱持幻想的期待，本身就是對自己最殘酷的荒謬戲
謔。如果說，疾病實際帶來怎樣的轉變，則是讓人深刻認識出，關於生命
裡那份可預期的有限性。雖然，人的生命終有一死，但時間未知的不確定
性，總讓人選擇苟且於稍縱即逝的歡愉。對生活的把握，唯有建立在理解
生命的消亡以後，最終才能回歸自身，回到內在的超越中去實踐。

在這趟漫長的旅行中，實際還是產生一些備有具體意義的啟發。於
平時生活裡的物質需求，逐漸由依賴而趨向獨立。一輛好車、一棟房子、
一個體面的工作、一份優渥的薪水，屬於城市中產階級的舒適生活，其中
參雜著太多不必要的膨脹及欲望。在三個多月短暫的斯多葛式生活，大漠
裡的一滴水、高原上的一口氧氣、深山裡的一包泡麵，一個背包承載的資

源卻讓我內心充滿無比的滋潤，也體驗未曾有過的平靜與滿足。

　　走過各個地方、接觸各個民族、理解各種文化、體驗各種生活方式，我知道「生」的價值從來沒有一種標準模式，揭示世界的過程與手段，也存在著千千萬萬種可能。偏見與謬誤，往往容易率先撲滅觸及前的熱情；囿於野蠻與不堪的印象，概括了一些美好的既定事實。我納悶為何人們彼此不能多一些理解少一點衝突、多一些認識少一點局限。倘若任何存在都是有意義的，任何多元都是值得尊重的，展開新世界的捷徑，便是始於對自我內心執念的敲擊。

　　尼采說，倘若「一個人知道為什麼而活，就可以忍受任何一種生活」。我想，旅行的魅力與意義就在於此，始於質疑、成於實踐、歸於反思。人生的某段時間稍微偏離平衡，甚至脫出軌道，也許才能了解自己與懸崖間的距離及界限，或許才能回頭檢視，自己的生活是否是對生命的辜負。

　　回到北京以後，我曾經歷很長一段時間，抓不住生活的重心也排斥社交生活。但我明白那是自己的主動選擇，唯有類似於儀式性的沉澱，才能更好釐清對未來的把握。或許，現在重新問我：「這趟旅行的意義是什麼？又能帶來什麼轉變？」我依然無法回答。那像是一段獨自經歷特別漫長，帶點虛幻不真實的奇幻故事。路上遇見的人、說過的話、經歷的事，是否真實地存在，離開那個當下便僅能憑著回憶去摸索。

　　某些夜晚，我仍然想起《阿拉斯加之死》（Into the Wild）裡，那個獨自走進阿拉斯加荒野尋覓真理的Chris，他對孤獨的渴望於死前卻產生完全不同的轉變：「Happiness only real when shared.」孤獨似乎是對自己最好的懲罰，而真正的幸福，則必須仰賴與他人的分享才能真實存在。

我的摩托車日記，於小巴的出現以後，真正成為兩個生命短暫的平行交會。我仍然認為，牠存在的意義，是為了給我帶來一條僅屬於我的訊息。牠讓真正的快樂得以分享，讓我無須承受痛苦的孤獨，無論生命以任何形式存在，這段過往的旅程，終究是兩個生命一起寫下的共同故事。

國家圖書館出版品預行編目資料

夢想，在路上 / 尤文瀚著 . -- 初版 . -- 臺北市：
平裝本，2017.07
　　面；　　公分 . -- (平裝本叢書；第453種)(icon
; 46)
ISBN 978-986-93793-7-3(平裝)

1. 旅遊文學 2. 中國

690　　　　　　　　　　　　　106010097

平裝本叢書第 453 種

icon 46

夢想，在路上

作　　者—尤文瀚
發 行 人—平雲
出版發行—平裝本出版有限公司
　　　　　台北市敦化北路 120 巷 50 號
　　　　　電話◎ 02-2716-8888
　　　　　郵撥帳號◎ 18999606 號
　　　　　皇冠出版社 (香港) 有限公司
　　　　　香港上環文咸東街 50 號寶恒商業中心
　　　　　23 樓 2301-3 室
　　　　　電話◎ 2529-1778　傳真◎ 2527-0904
總 編 輯—龔穗甄
責任編輯—陳怡蓁
美術設計—嚴昱琳
著作完成日期— 2017 年
初版一刷日期— 2017 年 7 月
初版三刷日期— 2018 年 11 月
法律顧問—王惠光律師
有著作權 · 翻印必究
如有破損或裝訂錯誤，請寄回本社更換
讀者服務傳真專線◎ 02-27150507
電腦編號◎ 417046
ISBN ◎ 978-986-93793-7-3
Printed in Taiwan
本書定價◎新台幣 350 元 / 港幣 117 元

● 皇冠讀樂網：www.crown.com.tw
● 皇冠Facebook：www. facebook.com/crownbook
● 皇冠Instagram：www.instagram.com/crownbook1954
● 小王子的編輯夢：crownbook.pixnet.net/blog